Alberto Fabio Ambrosio

DANZA COI SUFI

Incontro con L'Islam mistico

SAN PAOLO

Piazza Soncino, 5 - 20092 Cinisello Balsamo (Milano)
www.edizionisanpaolo.it
Distribuzione: Diffusione San Paolo s.r.l.
Corso Regina Margherita, 2 - 10153 Torino

ISBN 978-88-215-7869-4

A mamma Assunta, ancora in terra,
e a due miei fratelli in religione, già in cielo:
Jean-Pierre Courtès e Serge de Beaurecueil

INTRODUZIONE

Il sufismo, ossia l'islam che non fa paura

Il sufismo, come la mistica, è una narrazione della vita interiore, un monologo con Dio, l'Unico. Questa personale introduzione nasce dallo studio, certo, ma anche dalla vita. L'ho desiderata dopo quasi quindici anni di approfondimento del mondo dei sufi, dei dervisci e della mistica musulmana in ambito turco; l'ho desiderata anche per dire quanto mi ha fatto bene, e quanto può far bene studiare e appassionarsi dell'altro, nel senso mistico.

Il sufismo, potremmo dire, è il lato simpatico di un islam che rischia sempre di fare paura.

I mistici non fanno paura a nessuno, forse a torto, perché sono i più rivoluzionari di tutti; coloro che cercano di togliersi l'armatura delle sicurezze umane e di tuffarsi nel mare della divinità.

Ne ho conosciuti, vivendo in Turchia, di uomini così: ti viene voglia di incontrarli, di condividerne sempre di più la vita e lo sguardo.

Quando sto con loro, amici che incontro tuttora a Istanbul, sono felice di toccare con mano quel sufismo ancora vivente, che rende l'islam davvero più vicino.

In ciascuno scorgo l'essere torturato dalla ricerca della verità; colui che tenta in ogni modo di raggiungere la vetta dell'unità divina, che noi chiameremmo piuttosto unione con l'Amato, con Dio, con Cristo. Questo viaggio interiore porta all'estinzione totale del proprio egoismo, della propria individualità.

Alla fine non resta che la Luce.

Non bisogna però sbagliarsi di strada, né farsi prendere dalle illusioni di un cammino che potrebbe anche sembrare semplice. Scoprire un'altra tradizione e gustarla richiede un po' di sforzo, soprattutto nel proprio cuore. Senza pensare di trasformarsi troppo facilmente in sufi o in dervisci, è meglio lasciarsi interrogare, interpellare dalla fede altrui. La seguente storia, del derviscio e della principessa, riportata da 'Attâr, celebre scrittore e sufi di lingua persiana, ci ricorda che anche le persone spirituali – se non sono ben sperimentate – possono incorrere in giudizi errati e lontani dalla verità:

> Un re aveva una figlia bella come la luna, che aveva popolato il mondo di folli innamorati e ovunque suscitava tumul-

ti indomabili con i suoi languidi sguardi colmi di ebbrezza. Le guance aveva bianche come canfora, i capelli parevano di muschio, l'acqua di vita al cospetto delle sue labbra sarebbe svaporata. Chiunque, contemplando anche solo un atomo di tanta bellezza, avrebbe smarrito all'istante la ragione e se lo zucchero avesse potuto conoscere la dolcezza delle sue labbra si sarebbe liquefatto per la vergogna.

Volle il destino che un derviscio, in cammino per il mondo, volgesse lo sguardo a quella splendida luna. Aveva, quel misero, una pagnotta di pane raffermo, dono di un fornaio, e non appena i suoi occhi caddero su quello splendido volto, essa gli scivolò di mano e finì nella polvere. Quando la fanciulla gli passò davanti come fuoco e s'allontanò ridendo, l'infelice si sentì sprofondare nella polvere della via. Non possedeva che metà della sua vita e mezza pagnotta: di colpo si vide spogliato di entrambe.

Senza pace giacque sulla strada per giorni e notti, con il respiro mozzato dal pianto e dai sospiri. Al ricordo del riso di quel volto di rosa le lacrime stillavano copiose sulle sue guance come da nuvola infelice. Vagò per sette anni sconvolto dal dolore, dormendo ogni notte tra i cani del vicolo della fanciulla. I servi e i domestici di costei vennero a conoscenza della cosa, tennero consiglio e decisero, i malvagi, di tagliargli la gola. Ma la fanciulla, segretamente, fece chiamare il derviscio e gli disse: «Come potrebbe una del mio rango accompagnarsi a un uomo del tuo pari? Sappi che hanno deciso di ucciderti, e allora fuggi, vattene e non sostare un minuto di più alla mia porta!» Il derviscio così le rispose: «Dal giorno in cui t'incontrai ho ritratto le mani dal mondo, essendo divenuto ebbro di te. Oh, centomila anime tormentate come la mia possano a te donarsi in ogni ora! Ebbene, poiché vogliono uccidermi senza ragione, almeno rispondi a questa mia domanda: tu, che in quel giorno divenisti la causa dell'ingiusta mia condanna perché mi sorridesti?» La principessa così gli rispose: «O ingenuo, quando ti vidi così miserabile risi di te perché mi era lecito ridere della tua condizione, ma il sorriderti sarebbe stato dono eccessivo!» Così disse, poi svanì come fumo e ogni cosa accaduta fu come se non fosse accaduta mai[1].

Il racconto del derviscio di 'Attâr è la storia del mistico che confonde gli amori, che scorge nella principessa una passione che lo rende folle e ridicolo agli occhi del mondo. Questa follia lo annienta. Non basta sottomettersi all'"amore" per essere automaticamente innalzati fino a Dio.

Consapevoli del rischio, in compagnia dei sufi, dei dervisci, proviamo ora a compiere comunque un cammino, che ci condurrà verso un altro universo culturale, distante eppure vicino, nel quale potremo assaporare la saggezza umana e religiosa che, sempre, viene da Dio.

[1] Farīd ad-dīn 'Aṭṭār, *Il verbo degli uccelli*, a cura di C. Saccone, Milano: SE, 1997, pp. 41-42.

I

IO E IL SUFISMO

Una scoperta improvvisa

Ho scoperto il sufismo al mare, in riva all'Adriatico, laddove sono nato più di quarant'anni fa. Era l'estate dell'anno seguente la mia ordinazione sacerdotale, e già sapevo che quell'incontro mi avrebbe interessato, occupando i futuri anni della mia vita come domenicano.

Ero frate da una dozzina d'anni e accostarmi al sufismo mi ha fatto riscoprire sensazioni importanti. Allora lo intuivo, anche se non ne avevo la certezza, non avevo preso nessuna decisione, ma siccome ero sempre stato appassionato di mistica cristiana – avevo letto e riletto i testi di Teresa d'Ávila, Teresa di Gesù Bambino, Meister Eckhart e altri –, volevo vedere quel che capitava altrove. Mi era presa la voglia di andare a indagare se davvero c'era una mistica anche in altre religioni.

Alcuni anni prima, anche in quel caso proprio alla fine dell'estate, in viaggio in treno con un confratello, fra' Maurizio, discutevamo della spiritualità di altre religioni. Io, a quell'epoca non sospettavo nemmeno che ci potessero essere altri contemplativi fuori dal cristianesimo. Lui, un po' più curioso di me, mi parlava di esperienze differenti. È con lui che ho capito che avrei dovuto interessarmi di mistica musulmana. Diceva che, se un giorno avesse dovuto vivere come domenicano in un Paese a maggioranza musulmana, avrebbe certamente studiato la loro esperienza spirituale. Sappiamo tutti che, nella nostra vita, frasi sentite dire così, semplicemente, da parte di un amico o magari da un estraneo, ti segnano per sempre.

Mesi dopo acquistai una semplice raccolta di testi sufi a cura di Gabriel Mandel, colui che ha avuto il merito di diffondere in Italia una cultura che pure stenta ancora oggi a prendere il volo.

Due anni dopo mi recavo, con la mia raccolta di poesie sufi, sulla stessa spiaggia di quella prima conversazione, nei pomeriggi di fine estate, poco prima del tramonto; nella solitudine del mare avevo iniziato ad assaporare quei testi.

Se devo dire la verità, inizialmente ero rimasto un po' deluso. Mi ero immaginato, infatti, una "mistica ancora più mistica" di quella cristiana: testi tutti intrisi di Amore di Dio. Non sempre, invece, in quei testi era così. Cercavo, inoltre, di fare di quelle pagine la base per la mia meditazione cristiana. Non ci riuscivo se non a stento, e con difficoltà. Può sembrare strano, e forse anche poco ortodosso quanto dico, ma immaginavo di potermi lasciar trasportare dalla potenza di quei brani per coltivare la mia vita interiore. La paura di imboccare una strada sbagliata, di maturare un pensiero non evangelico mi poteva incutere un certo timore, ma mi aiutava anche il fatto di aver studiato per tanti anni san Tommaso d'Aquino: non dovevo, quindi, temere di confrontarmi con un'altra tradizione religiosa.

Un'altra cosa mi affascinava. Negli anni seguenti la mia ordinazione sacerdotale non facevo altro che studiare il turco, principalmente, ma anche l'arabo e il persiano, lingue che tuttora amo molto. La loro grafia, quei segni che sembrano così strani a prima vista, racchiude una bellezza tutta orientale, esteticamente perfetta. Per questa ragione l'islam fa dell'alfabeto arabo la base della propria arte, proprio grazie alla calligrafia. Uno dei motivi addotti sta nel fatto che l'alfabeto è servito a trasmettere la Rivelazione del *Corano*; ma quei segni, quei caratteri sono belli in se stessi, e utilizzarli per farne un'arte è geniale. I sufi fanno un ampio uso, nei loro ambienti, di iscrizioni dei versetti del *Corano*, ovviamente in arabo. Anche quando essi stessi non capiscono bene l'arabo coranico, alcuni di quei versetti si trovano a decorare pareti di case e di "conventi". Si direbbe un'invasione dell'alfabeto divino.

Guardando bene una parete con le sue varie iscrizioni calligrafiche, a un certo punto senti che la mente e lo spirito si alleggeriscono, proprio come quando si osservano con attenzione le ceramiche dell'antica Nicea: i colori e le "greche" sono talmente belli e lavorati da permettere alla mente di rilassarsi e da incoraggiare la meditazione.

Siamo in Oriente, e tutto è fatto per raggiungere un certo vuoto interiore, che non è quello delle cose inutili, ma dell'unico essenziale.

L'alfabeto in caratteri arabi mi ha affascinato sin da quando ho visto per la prima volta alcune iscrizioni a Gerusalemme. La curva perfetta delle lettere mi sembrava una specie di scivolo per il raggiungimento di mete insospettate. Avevo scoperto, paradossalmente, in quella circostanza, più l'arabo che tutto il resto – con rispetto parlando dei luoghi santi ebraici e cristiani. Avevo scoperto la semplicità dei musulmani e delle musulmane, che vendono un po' di tutto sulla piazza della porta di Damasco, vicinissima al nostro convento domenicano dell'École Biblique, se i ricordi non mi ingannano.

Fu, per me, un tutt'uno: moschea di al-Aqsa, lingua e scrittura araba, Santo Sepolcro, filatteri dei fedeli ebrei e, soprattutto, il lago di Galilea, le beatitudini... una farandola di immagini e di ricordi di un mondo che è già di per sé religioso e mistico.

Al ritorno da quel viaggio, in compagnia dei miei confratelli, ci fu la svolta.

La mia vita aveva preso un "orientamento", nel senso che la sentivo davvero rivolta a oriente. Da lì a pochi mesi decisi, insieme ai miei superiori, che una possibile destinazione per la mia missione futura potesse essere Istanbul, l'antica Costantinopoli e l'ancora più antica Bisanzio. Oggi mi trovo così a vivere in una città che ha avuto almeno tre nomi, e una serie di titoli nobiliari: città della felicità, città eterna...

Ma è a Gerusalemme che la mia vocazione all'Oriente è nata, come su quella spiaggia dell'Adriatico era nata la mia vocazione allo studio e all'approfondimento della mistica islamica.

Forse è per questo che, quando penso al sufismo, penso al mare, all'oceano. Il Dio dei sufi può essere rappresentato come un oceano senza riva, come un mare insondabile: come l'Essere supremo che ti coinvolge a tal punto che se ti ci tuffi, ti perdi, semplicemente.

D'altro canto, alcuni sufi sono stati definiti essi stessi come un oceano sconfinato, perché con il loro spirito hanno realizzato un amore senza limiti, e hanno anche insegnato, in modo sublime, quel che avevano conosciuto per esperienza: Rûmî è tra i tanti cui è stata attribuita questa immagine.

Sarebbe già un buon inizio: rappresentarsi mentalmente un sufi come un oceano senza riva, un fedele del Dio unico, perso nell'immensità di un mare fatto di conoscenza e di amore. Quando sei in acqua senti che ti devi lasciare andare, e che sei parte di un universo immenso; a questo punto percepisci una certa umiltà nei confronti del Creato. È questa povertà che contraddistingue il mistico musulmano. Una povertà spirituale, prima di tutto, che allarga gli orizzonti, che si immerge nell'oceano divino.

I giorni della verità

Dopo le prime intuizioni (dedicarmi all'Oriente, partire un giorno per la Turchia lontana, votarmi allo studio del sufismo) sono venuti i giorni della verità.

Sono, questi, i tempi in cui ti domandi il senso delle scelte, e se lo studio che stai conducendo è utile a qualcuno o per qualcosa. Non potrò mai dimenticare quale fu il primo impatto con la cultura turca. Ordinato presbitero il 3 ottobre 1998, mi sono ritrovato esattamente due giorni dopo, senza soluzione di continuità, sui banchi di un seminterrato universitario a studiare la storia della Repubblica di Turchia, accanto a studenti turchi, di madre lingua turca, che conoscevano bene il turco, come io parlo e scrivo l'italiano. Anziché intraprendere immediatamente un dottorato di teologia, mi ritrovavo praticamente a iniziare da capo i miei studi. Li avrei mai finiti?

Quell'impatto mi offrì la cifra del saper incontrare l'altro: lasciare le proprie certezze, le autocelebrazioni tra amici e conoscenti, ritrovarsi in una situazione da scolaretto, da allievo di prima elementare. E fu una faccenda molto seria. Perché all'inizio non hai nessuna buona ragione per farlo, e forse anche dopo tanto tempo – soprattutto se non è per conquistare l'altro, o portarlo dalla tua parte –, ti poni sempre la stessa domanda: «Ma chi me lo fa fare? Non potrei stare comodo nelle mie pretenziose e pretestuose sicurezze e approfondire ciò che già mi caratterizza, che mi interessa della mia cultura e religione?»

Sì e no, è la risposta.

Sì, perché studiare la propria identità aiuta a sviscerarla, ad amarla, a diventare sempre più ciò che si studia e si contempla. Studiare la propria storia, la propria filosofia e teologia conduce a un'identità assoluta con l'oggetto di studio.

No, perché studiare e amare l'altro provoca, trasforma ogni giorno di più, scalfisce sicurezze e baluardi ritenuti solidi come querce incrollabili. Attraverso questi attacchi frontali si aprono brecce, che permettono di intravedere orizzonti nemmeno immaginati o sognati. È solo penando nella comprensione dell'altro che soffia lo Spirito. Lo studio della storia, del pensiero islamico e turco mi hanno aperto la strada alla futura comprensione del sufismo, che tanta parte ha nella religiosità della Turchia contemporanea, e non solo. Per molti musulmani, infatti, il sufismo è il pane quotidiano della propria religiosità individuale e comunitaria.

Il sufismo e la mistica

Bisogna dirlo subito, a scanso di ogni equivoco semantico: se il sufismo è una mistica, lo è solo in parte; in realtà è molto di più e molto di meno al tempo stesso. Fin troppo spesso, nelle presentazioni un po' affrettate o troppo generiche, infatti, si fa semplicemente corrispondere il sufismo alla mistica. Questa identificazione nasconde gravi malintesi, che portano lontano da un vero dialogo. Il sufismo è, certo, mistica, ma nel senso attribuitogli dai mistici islamici.

È, in un certo qual modo, come per la definizione di Dio unico. Se è un cristiano ad affermare che Dio è Uno, questa affermazione ha un certo sapore; si percepisce immediatamente cosa egli si immagini: Dio unico, ma anche Padre, Figlio e Spirito Santo. Un monoteismo di tre persone divine. Se la pronuncia un musulmano, l'espressione "Dio unico" rimanda immediatamente ad altro: a una fede che sconfina in un monoteismo radicale. Così è per la mistica.

Troppo spesso si è fatto della mistica il luogo del facile incontro, del dialogo possibile, dell'irenismo a buon mercato fra religioni. Ma sarà proprio così? mi domando spessissimo. Non mi è possibile immaginare un uomo o una donna che abbiano speso tutta la vita per raggiungere Dio, per unirsi a Lui, per adorarLo, ciascuno con le proprie categorie, il proprio credo... e poi *voilà*, il gioco è fatto: in Dio tutto è uguale, tutti i mistici si incontrano. Dio sarebbe la vetta della montagna agognata da tutti gli scalatori mistici, da dovunque provengano, e, una volta sulla vetta, il risultato sarebbe per tutti lo stesso. Questa immagine, per quanto affascinante (e a mio avviso vera solo in parte) trova riscontro anche nel sufismo, ma con qualche significativa variante. Rûmî dice:

> I monti solidi rappresentano per te lo stato degli innamorati, nella loro fermezza[1].

Non solo Dio è oceano vasto e immenso, ma è anche montagna solida, ferma, stabile, proprio come lo stato di colui che è innamorato. L'amore, quello vero, non è un sentimento passeggero, che oggi c'è e domani no; l'amore è fedele come le montagne, che si stagliano davanti allo stato interiore dell'innamorato.

L'amore, soprattutto quello verso il Creatore, è per sem-

[1] Jalâl al-Dîn Rûmî, *Mathnawi. Il poema del misticismo universale*, Milano: Bompiani, 2006, vol. 5, p. 245.

pre, per tutta la vita. Quello stesso amore però è anche in grado di far crollare le montagne; la forza dell'Amore, altrimenti detto, è l'unica a muovere e trasformare tutto:

> L'Amore fa ribollire il mare come un calderone, l'Amore sbriciola le montagne come sabbia[2].

Proprio a proposito di vette, troppo spesso ci si compiace di quell'immagine della cima della montagna sacra, dove, per tutti i contemplativi, la meta sarebbe identica. Dovremmo però meditare anche sul fatto che in cima a una vetta montana il panorama è diverso a seconda dell'orientamento. O forse l'immagine vuol dirci che per il fatto di essere arrivati sulla sommità, questa stessa è la meta per tutti? E il panorama dove lo lasciamo? Non si arriva in cima per la cima stessa, ma per godersi una visione, e questa è diversa a seconda dei punti cardinali. E poi, ogni scalatore, inerpicandosi sulle pareti della montagna, porta con sé la sua esperienza, la sua storia, le sue paure. Ognuno, del panorama stesso avrà una percezione diversa, profondamente differente. Si godrà lo spettacolo insieme agli altri, gusterà dell'identica visione nel momento in cui entrambi saranno orientati verso lo stesso punto cardinale; ma ogni persona rimarrà se stessa, distinta con tutto il carico che si è portata appresso.

Se la vetta fosse davvero uguale per tutti, come dicono

[2] *Ibidem*, p. 244.

i sostenitori di questa teoria di "comunione dei mistici", perché non abolire le religioni e conservare solo una mistica globale, alla maniera *new age* tanto per intendersi?

Questa verità non sarà mai ribadita a sufficienza: solo alla fine di un vero percorso di conoscenza si gusterà la *vicinanza*, il luogo laddove davvero i mistici si prendono per mano. Non attribuirei nemmeno troppo superficialmente il termine "mistica" al sufismo, né alla *Qabbalah*, né all'esperienza cristiana.

Mistico è colui che nel silenzio della preghiera e dell'amore ha percepito la presenza di Dio, che si lascia trasportare in tutta la sua vita dall'Amore di Dio. Anche il sufi si lascia portare da questa energia divina, da questo flusso vitale che è Dio il Vivente. Quando si designa il sufismo come mistica dell'islam o islamica, si deve avere ben chiaro il senso dei termini. Se mistico è l'iniziato, il sufi lo è anche; se è colui che tende all'unità con Dio, anche il sufi lo è. Ma dire che il sufi è *il* mistico musulmano, è solo parziale. Ogniqualvolta si parla di sufi e di sufismo si spazia in un campo semantico piuttosto vasto, si intende una serie di elementi che talvolta sono anche apparentemente opposti.

Preferisco definire il sufismo come una mistica, ma al contempo come un'iniziazione esoterica, una gnosi, una morale ben codificata e, infine, una via di realizzazione spirituale che si concretizza negli Ordini sufi.

Che cosa significa “sufismo”?

Il nostro percorso di scoperta e di iniziazione ci condurrà a individuare in modo più specifico proprio l’aspetto mistico, esoterico e iniziatico nell’ambito del sufismo.

Il termine stesso di sufismo, d’altronde, va preso con una certa cautela. Si tratta, infatti, della latinizzazione di un termine arabo più tecnico (*tasawwûf*), che contiene la radice della parola sufi, *sûf*. Il *sûf* era l’abito di lana dei primi asceti musulmani. Erano, questi, coloro che si volevano distinguere per tensione ascetica e devozionale dai fedeli più ordinari, ma forse anche coloro che si sentivano in dissenso per un’interpretazione della religione in termini troppo sociali e politici. In ogni caso il sufi, sin dall’inizio della sua storia, è un fedele musulmano che si contraddistingue per la sua carica spirituale, ascetica e, in un’ultima analisi, mistica appunto.

L’idea di sufi come *povero spirituale* è molto affascinante, poiché rende più simili sufi e monaci, sia cristiani sia di altre religioni. Si capisce come la povertà spirituale, quella vera, sia un attributo essenziale per la ricerca di Dio. Solo chi si sente povero sa mendicare la verità; solo chi sa farsi piccolo piccolo può tendere la mano al Dio unico o al Dio Amore, perché il proprio cuore sia ricolmo di vita e felicità. Il tema della povertà è talmente importante, che alcuni ne hanno fatto il soggetto di trattati in versi. Tahir'ül-Mevlevî, uno dei grandi commentatori, nel XX secolo, del capolavoro di Rûmî (*Mesnevî*), così glossa:

> I poveri sono lo specchio della generosità di Dio.
> Coloro che vivono con Lui non si separano mai dalla generosità[3].

La povertà spirituale come elemento che accomuna diverse tradizioni spirituali mi ha spesso aiutato a presentare il sufismo in diversi contesti, spesso interreligiosi. In queste assemblee mi sento sempre rivolgere la domanda: «L'islam, cosa pensa del sufismo?» In effetti, nei Paesi islamici – salvo qualche eccezione – il sufismo non sempre è ben visto: più di tre secoli di propaganda fondamentalista sono riusciti ad attenuare la sete di vera spiritualità dei fedeli. Quella propaganda è riuscita a persuadere che questo genere di spiritualità non sia una parte viva e attiva dell'islam. Risultato? L'immagine del sufismo sembra ormai quella di un movimento relegato a una piccola cerchia di cultori: specialisti occidentali o invasati orientali.

Non è così.

Il sufismo è, forse, la quintessenza stessa dell'islam. Quando lo si intenda bene, esso è davvero il nocciolo della religione coranica o, se vogliamo, ne costituisce la scor-

[3] Citato in Yaşar Çalışkan, *Mevlânâ'dan Seçme İnciler. A'dan Z'ye Mesnevi Sözlüğü*, Konya: Burç Yayınevi, 2008, p. 106.

za, come proprio i sufi amano dire. Il sufismo è islam – anzi, meglio: è *l'altro islam*, quello che ha più facilità nel comunicare con i fedeli di diverse religioni, ma anche con il mondo contemporaneo. Quello di una reale realizzazione spirituale e anche artistica, estetica e sociale, quando non addirittura politica. Ma potremmo spingerci ancora più in là: il sufismo è l'islam, perché contiene tutto dell'islam ufficiale, senza d'altronde rinunciare a una propria sfumatura eccezionale.

Il sufismo, quando lo si conosce un poco, chiede una trasformazione interiore riguardo a se stessi e all'islam tutto. Così forse è successo a me. Non voglio certamente dire che ti converti, ma capisci che devi cambiare prospettiva su una religione che oggi sembra solo violenta e guidata dalla rabbia terroristica.

La spiritualità musulmana diventa allora quello che è davvero: una porta aperta verso il cuore dei fedeli nel Dio unico clemente e misericordioso.

Il sufismo mi ha spinto non solo a percepire la religione dell'islam nella sua versione fondamentalista, violenta – che non posso fingere di non vedere, pena negare l'evidenza –, ma anche a scorgere le perle preziose in essa contenute.

Tenere insieme gli estremi, questo è il mio programma di conversione nel modo di incontrare l'islam: guardare il dilagare di una violenza in nome di Dio misericordioso e, al tempo stesso, contemplare le bellezze della mistica musulmana; pur vedendo il male, saper apprezzare i tesori spirituali.

Perle nei giardini di un'altra fede

In questa prospettiva, insieme realistica e aperta alla bellezza dell'altro, dimora, a mio avviso, l'unica impostazione possibile di un reale contatto con l'islam nel suo insieme. Non ci si può avvicinare a una religione o a una spiritualità diversa dalla nostra senza il dovuto "senso dell'altro".

Ancora una volta le facili similitudini aiutano solo all'inizio del percorso, ma ben presto diventano nocive e rischiano di interrompere tutte le strade di un possibile e vero scambio culturale e religioso. Quando ci si avvicina a un'altra tradizione spirituale, s'impone un'ulteriore conversione: l'abbandono della tentazione di ridurla a noi stessi, di trasformarla in un *alter ego*. In questo senso, quando un cristiano cerca i semi del Verbo nascosti nelle altre tradizioni religiose si avvicina ulteriormente alla grazia di Cristo. Da quando vivo in Turchia, ho percepito con evidenza questa verità: la grazia di Cristo può anche aumentare quando si coltiva una buona disposizione di studio e di emulazione dell'altrui tradizione spirituale: nel mio caso, di quella dei miei amici sufi.

Il vescovo di Strasburgo, monsignor Joseph Doré, un giorno pose questa domanda alla commissione per il dialogo interreligioso della quale facevo parte: «Quando il sabato passeggi nei giardini pubblici, quelli vicini al quartiere ebraico, e noti gli ebrei ortodossi che si rilassano in famiglia sul calare del sole, tu che fai? Non provi rimorso di dar così poca testimonianza perché non porti l'abito religioso tuo, mentre quelle famiglie ebree sono lì a dare testimonianza? Cosa fai tu, dal canto tuo?» Io ho risposto con un pensiero che mi accompagna ancora oggi: «Eccellenza, no certo, non ho nessun rimorso, nessun timore, io osservandoli, contemplo. È lo sguardo cristiano che permette di salvare tutti nella grazia, e di salvaguardare tutto e tutti. Il cristiano è contemplativo, perché Cristo stesso ha contemplato l'umanità dall'alto della croce. Amare come Cristo ha amato significa anche questo».

Spesso amici cristiani, cattolici mi fanno la paternale: «Che ci stai a fare in Turchia? Se non puoi testimoniare la tua fede esplicitamente, perché rimani? Mica ti vorrai convertire all'islam! Mica vorrai diventare sufi!»

Certo che no! La bellezza di approfondire il sufismo risiede proprio in questo miracolo: senza rinunciare in niente e per nulla alla mia identità di cattolico, mi sento immensamente libero di apprezzarlo e anche di contemplarlo e di emularlo, se ne scopro l'utilità. Mai un solo istante ho pensato di diventare musulmano, convinto che essere cristiano è la via dell'Incarnazione, e che l'Incarnazione ha riempito il mondo di gioia vera. Ma penso di aver scoperto delle perle preziose nel campo dei miei amici, e vorrei cercare di poterle dissotterrare anche per i miei amici cristiani senza da un lato vendere il mio campo o, dall'altro, svendere quello degli amici musulmani.

II

MISTICI

Più studio il sufismo, cioè l'iniziazione all'islam interiore, più mi rendo conto di quanto il fenomeno mistico in quanto tale contenga in sé un processo simile proprio a quello dell'Incarnazione. Forse è perché sono cristiano, intimamente convinto che tutte le espressioni della vita umana siano toccate da questo mistero, permane in me il sospetto che la mistica ne sia sempre un'espressione.

Quando si studia la storia del sufismo, si incontra la storia di uomini e donne che hanno cercato di raggiungere l'unità con Dio, che hanno anelato e anelano ancora a pervenire ai più elevati gradi dell'incontro con il Dio unico, uno e onnipotente. Si tratta, in più di un caso, di una ricerca umana del divino, mentre l'Incarnazione cristiana è Dio che assume la natura umana; eppure c'è un punto in cui si può sospettare che il procedimento divino dell'Incarnazione sia iscritto davvero nella natura: l'uomo che, anelando all'incontro con Dio, cerca di trasformarsi in Lui. L'esperienza è quindi primordiale, fondamentale ed essenziale, mentre i testi, la dottrina e le categorie scientifiche e di interpretazione del fenomeno vengono solo in seguito.

Non potrò mai dimenticare, e anzi per me è diventato un principio di studio del sufismo, il criterio che mi ha trasmesso un frate domenicano francese, uno dei più importanti specialisti del grande mistico musulmano Ansârî. Serge de Beaurecueil mi spiegava, nella sua spoglia cella del convento di Parigi, la chiave di lettura della storia religiosa di un altro grande domenicano, lo storico e teologo Marie-Dominique Chenu. Questi diceva che le dottrine non scendono mai dal cielo, non sono mai date tali e quali, ma sono l'espressione della vita concreta di un uomo o di una donna, o di più uomini e più donne riuniti in società. Questo principio costituì la strada maestra degli studi di Serge, che consacrò tutta la sua vita, o quasi, a studiare quell'unico autore sufi di cui conosceva tutto: la prima volta che si recò in pellegrinaggio a Herat, città natale del mistico, non poté fare a meno di inginocchiarsi e di sentir sgorgare rivoli di lacrime per la fortuna di aver raggiunto il mausoleo che accoglieva le spoglie mortali di Ansârî. Anche in punto di morte, Serge volle farsi leggere alcuni potenti passi degli aforismi mistici di Ansârî.

C'è chi si scandalizza, ma senza ragione. Serge non si è convertito all'islam: era troppo cristiano per poter pensare a una qualsiasi conversione che non fosse al Vangelo, ma la sua ricerca di Dio l'aveva portato ad ascoltare la verità della ricerca di Dio, dovunque si potesse nascondere.

Il principio, che fu di Chenu e poi di Serge, è stato per me come un timone nella comprensione del sufismo. La mistica islamica non è una materia vaga e impalpabile difficile da carpire e, in ultima analisi, incomprensibile per la stragrande maggioranza dei credenti. Non è un brivido da attribuire a chi sa quale rito particolare. No! Non è nulla di tutto ciò. Ciò che vi è di meglio nella mistica è frutto di passione e sofferenza. Rûmî per scrivere ciò che ha scritto ha dovuto sopportare lo strazio di vedere il proprio amico e compagno spirituale ucciso dai suoi stessi seguaci. Esiste un'esperienza peggiore di quella di vedere nel proprio ambiente morte e rapina?

Sentire il fuoco della passione e ascoltare il grido lancinante degli uomini e delle donne che si sono battuti per ricercare l'Amore di Dio: questa deve essere la lente di ingrandimento attraverso cui osservare i sufi. Per capire la mistica bisogna entrare nel vissuto degli uomini che l'hanno scritta. Bisogna penetrare nelle loro esistenze, occorre immergersi nei testi per farli parlare dall'interno, dal cuore che li anima. Altrimenti la storia che ne risulta sarebbe superficiale, distaccata da quanto vissuto e descritto proprio da questi ricercatori dell'unità con Dio.

Il rischio opposto è quello di scrivere una storia che si occupi solo della dottrina, tralasciando le vicissitudini concrete di coloro che ne sono stati gli animatori. Questa storia diventerebbe allora sterile. Tutti noi abbiamo infatti bisogno di sentir parlare un uomo o una donna in carne e ossa, per poterlo seguire e per poterne essere influenzati. Capita di non riuscire più a seguire le prediche, quando si percepisce che la voce del predicatore è costruita artificialmente e che non comunica un messaggio vissuto, sofferto o frutto di una vera riflessione. Ritorna alla memoria l'espressione di Paolo VI, che ricordava come il nostro tempo ha bisogno più di testimoni che di dottori. Così credo sia anche per i sufi. Costoro si sono battuti per fare di Dio il centro vitale, e hanno vissuto fino in fondo ogni istante di grazia. Nello studio approfondito di una storia religiosa non possiamo esimerci dall'appassionarci alle dottrine, ma anche dall'immaginare la vita di questi appassionati di Dio.

La mistica è costituita di uomini veri, e studiarla senza vederne le vicende umane significa impoverirla. Per questo motivo, da alcuni decenni, gli studi sulla mistica musulmana sono sempre più orientati all'approfondimento degli avvenimenti legati agli Ordini sufi, sorti al seguito di un "santo fondatore".

Così, più studio il sufismo, più scopro che la verità teologica dell'Incarnazione permea tutto l'universo religioso. Non si ha religione senza umanità, così come non esiste vera mistica senza uomini e donne in carne e ossa.

Le tracce necessarie: il Profeta, primo sufi

Potrei andare ancora più in là: se non si ha mistica senza un essere umano, non la si può neppure concepire senza testi scritti o trasmessi oralmente. Abbiamo già detto che l'esperienza è fondamentale in ogni vicenda spirituale, ma per far sì che il mistico sia riconosciuto tale, sono necessarie delle tracce. Il puro contemplativo è tale perché ha lasciato alla posterità degli scritti intrisi di sangue e santità, oppure perché un osservatore si è impegnato a trascrivere l'altrui intima esperienza. Insomma, abbiamo bisogno di sentir vibrare il cuore e il corpo del sufi per percepirne il messaggio rivitalizzante, per comprenderne l'esistenza tutta orientata verso l'unità divina.

Voglio fare solo qualche accenno alla storia del sufismo, che – e lo affermo con forza – nasce con il profeta stesso dell'islam, Muhammad (m. 632), considerato il prototipo dei sufi.

Quando si studiano con attenzione alcuni avvenimenti della sua vita, Muhammad può essere davvero considerato come il maestro spirituale musulmano per eccellenza. L'inizio della rivelazione del *Corano* è espressione di un'esperienza profetica, che sconfina in una conoscenza estatica: ritirato nella grotta di Hira, montagna nei pressi della Mecca, Muhammad ha accolto in sé la Rivelazione di Dio attraverso l'angelo Gabriele.

Vi è un'altra occasione in cui Muhammad ha dato prova di aver vissuto esperienze straordinarie: si tratta del celebre *Mi'râj*, cioè l'ascensione notturna al Cielo, che ha dato poi luogo nella nostra lingua alla parola "miraggio". Il miraggio è un'ascensione, un viaggio particolare; quello del Profeta costituisce il modello per molti sufi. Queste esperienze, insieme ad altre ancora, rappresentano il patrimonio a cui i sufi hanno attinto per alimentare la propria riflessione e nutrire la vita spirituale personale. Un posto d'onore è occupato dal libro che contiene la Rivelazione fatta da Dio a Muhammad attraverso il suo angelo: il *Corano*. Le 114 sure sono la base di tutta la meditazione, contemplazione e azione di ogni sufi.

Fin troppo spesso si è opposta la pratica di un islam coranico a quello dei sufi. La differenza risiede nel fatto che i sufi rivendicano un'interpretazione interiore del *Corano*, mentre i fedeli comuni si limitano a un'interpretazione letterale. Non esiste il sufismo senza un richiamo esplicito al *Corano*. Ho avuto numerose occasioni, infatti, di assistere alle istruzioni spirituali del maestro ai propri discepoli, conversazione che è la base per l'insegnamento. Ebbene, ogni insegnamento è basato su un versetto del *Corano* o dei detti del Profeta. È davvero affascinante vedere insegnare il maestro, con i discepoli seduti intorno. Ogni qualvolta che mi capita di assistere a questa scena non posso non pensare a Gesù che, da buon maestro della legge, istruiva i primi discepoli. C'è, in questo atto, una tenerezza tutta divina: un Maestro che si avvicina a coloro che desiderano imparare e conoscere la verità, quella che libera. Negli ambienti sufi, ancora oggi, si percepisce questa benevolenza divina, che libera la vita e non la chiude in una sterile serie di precetti. I primi sufi devono aver proprio vissuto così, alcuni lontani dal mondo, altri connessi con le realtà mondane, ma complessivamente dispensando un insegnamento esemplare. Non tutti hanno lasciato degli scritti, ma di molti sono rimaste le testimonianze.

Le origini

I primi sufi datano già all'epoca del Profeta; prolungavano le preghiere in ulteriori esercizi di devozione. Questo movimento diede luogo alla corrente degli asceti, precursori dei sufi propriamente detti. Gli *zâhid* sono coloro che fanno degli sforzi ascetici nella linea del rifiuto della mondanità:

> Chi si allontana dallo splendore della vita mondana ha vinto le proprie passioni, e chi gioisce dell'elogio della vanità certo consente a Satana di entrare nel suo cuore. Tu, che di pro-

fessione reciti il *Corano*: il recitatore dovrebbe coprirsi con una veste di lana e portare il bastone del pastore che fugge da Dio a Dio e incitare gli uomini al culto di Dio[1].

Il sufi cerca di fuggire da un dio dalle fattezze umane, anche quando queste siano religiose, e tenta di pervenire al vero culto di Dio. Si tratta quasi di una reminiscenza del Vangelo e della fede cristiana:

> Vi abbiamo suonato il flauto e non avete danzato, cioè: vi abbiamo ammoniti e non ne siete stati esortati[2].

La somiglianza con il Vangelo (Mt 11,17) è qui talmente lampante da rendere inevitabile il dialogo interspirituale.

Aforismi di questo genere, simili ai detti dei padri del deserto, sono, sì, semplici ma possono anche animare la nostra interiorità. Per i nostri tempi agitati, questo ulteriore passaggio è un richiamo alla serenità e alla pace interiore:

> Ho letto in un libro di sapienza: «Come il vento, quando è agitato, scuote gli alberi, così Iblîs ha il potere di scuotere gli uomini»[3].

[1] Detto attribuito a Mâlik B. Dînâr (m. 748 ca.), in *La ricerca del Dio interiore nei detti dei precursori del sufismo islamico*, a cura di Ignazio De Francesco, Milano: Paoline, 2008, p. 101.

[2] *Ibidem*, p. 92.

[3] *Ibidem*, p. 128.

Al-Basrî e l'ascesi

Personaggio appartenente al movimento ascetico, ma già con aperture mistiche è sicuramente Hasan al-Basrî, morto attorno al 728 d.C.: egli si è distinto per la sua predicazione nella moschea di Bassora, nel Sud dell'attuale Iraq, e ha perseguito una spiritualità impregnata di ascesi e di rinuncia al mondo. Così non ha paura di ammonire il califfo, cioè il rappresentante di tutta la comunità islamica, che all'epoca regnava a Damasco:

> Fa dunque ben attenzione! Il mondo è come il serpente liscio al tatto, ma il suo veleno uccide. Volgi le spalle a ciò che in esso ti piace, a motivo del poco che di esso ti accompagnerà; deponi le sue cure, a causa di tutte le sue sventure, che hai potuto vedere con i tuoi occhi, e dei distacchi che in esso si compiono, di cui hai avuto una conoscenza certa[4].

Era piuttosto arduo esprimersi in questi termini nei confronti di un califfo, richiamandogli i doveri di servitore della vera religione. Questo invito indica che al-Basrî non temeva di sfidare l'autorità, se questo significava progredire seriamente nella devozione.

Hasan al-Basrî ha inoltre insistito sull'esame di coscien-

[4] *Ibidem*, pp. 211-212 e anche *Esperienze mistiche nell'islam, I. L'inizio di un cammino*, Testi significativi della mistica islamica tradotti e commentati da P. Giuseppe Scattolin, Bologna: Editrice Missionaria Italiana, 1994, pp. 52-53.

za come metodo per avanzare nella vita spirituale e nella correzione fraterna, attività tipiche dell'ascesi.

In quest'epoca, la prossimità alla figura di Gesù, di un Gesù islamico era ancora molto presente; il Suo spirito aleggiava, come si desume dal testo seguente:

> Egli (Gesù) soleva dire: Il mio pane quotidiano è la fame, il mio distintivo è la paura, il mio ornamento è la lana, la mia cavalcatura sono i miei piedi, la mia lanterna di notte è la luna, il mio fuoco di giorno è il sole, e la mia frutta e le mie erbe odorose sono ciò che la terra produce per le bestie selvagge e quelle domestiche. Nulla posseggo per la notte, eppure nessuno è più ricco di me[5].

Anche molti altri asceti e sufi si sono fatti conoscere per la loro intensa spiritualità, per il rifiuto del mondo e delle sue tentazioni, nell'accettazione della volontà di Dio:

> Ritengo che nessuna opera passi avanti alla pazienza se non l'accettazione, e non conosco grado più elevato e nobile dell'accettazione, che è il principio dell'amore[6].

Avremo certamente occasione di osservare e approfondire il senso dell'amore nel sufismo, ma già in questa pri-

[5] *Esperienze mistiche nell'islam, I. L'inizio di un cammino*, pp. 45-46.

[6] 'Abd al-Wâhid b. Zayd (m. 793), *La ricerca del Dio interiore nei detti dei precursori del sufismo islamico*, p. 319.

ma schiera vediamo che esso è considerato uno dei frutti dell'accettazione della volontà di Dio.

Râbi'a e la passione divina

Sarà la grande Râbi'a al-'Adawiyya (m. 801) a formulare e a introdurre il senso di un amore appassionato per Dio, assente nel *Corano*. Donna riscattata dalla schiavitù, Râbi'a apre le porte al tema dell'amore perfetto e gratuito nei riguardi di Dio. Râbi'a, con il suo esempio, aiuterà generazioni intere di musulmani nel discernere l'amore nel sufismo; ella, anche oggi, suscita un'attenzione sempre maggiore tra musulmani e cristiani. Mi capita spessissimo di incontrare cristiani che non hanno una grande conoscenza della mistica islamica, ma collegano al termine sufismo proprio il nome di Râbi'a. Quel che mi impressiona è che più la si studia, più si ha difficoltà a classificarla. Alcune recenti ipotesi mettono persino in dubbio che questa figura femminile fosse musulmana. "Quarta" – questo significa il suo nome in arabo – era talmente innamorata di Dio, che quando si leggono i testi a lei attribuiti non si può non essere avvinti e incoraggiati a orientarci verso di Lui, Dio supremo, e a donarGli il nostro amore. Non so nemmeno perché, ma nel mio spirito, Râbi'a mi fa pensare alla peccatrice del Vangelo di Luca, che non si ferma un solo attimo mentre lava i piedi di Gesù e li asciuga con i suoi capelli. Non che Râbi'a fosse una donna di malaffare, ma la sua semplicità e il suo amore femminile nei confronti del Signore mi fanno sospettare che entrambe avessero la stessa ardente passione divina. Râbi'a sorprende per le sue espressioni paradossali, ognuna delle quali merita la nostra attenzione:

> Diceva: «O mio Dio! Se Ti ho adorato per paura dell'Inferno, bruciami nel suo fuoco. Se ti ho adorato per speranza del Paradiso, privami di esso. Ma se non Ti ho adorato che per Te solo, non privarmi della contemplazione del Tuo volto»[7].

Spesso incoraggio a prendere conoscenza del sufismo proprio a partire dai testi di questa grande personalità dell'islam[8].

Al-Muhâsibî: il discernimento interiore

Basrî, Râbi'a e Harîth al-Muhâsibî (m. 857) costituiscono un po' la "trinità" del sufismo primordiale. Al-Muhâsibî – nome che designa il contabile, ma non si sa se lo fosse davvero – si cimentava con qualche cosa che, potremmo dire, aveva a che fare con la contabilità divina: l'esame di coscienza.

[7] *Esperienze mistiche nell'islam, I. L'inizio di un cammino*, p. 58.

[8] *La ricerca del Dio interiore nei detti dei precursori del sufismo islamico*, pp. 326-340; Caterina Greppi, *Rābi'a. La Mistica*, Milano: Jaca Book, 2003; *I detti di Rābi'a*, a cura di Caterina Valdré, Milano: Adelphi, 1992[2].

Nei suoi scritti si è messo alla prova con la pratica dell'esame di coscienza come via verso l'approfondimento della conoscenza e dell'amore di Dio. Proviamo a rivedere in sequenza gli apporti dei tre primi mistici sufi: al-Basrî: la rinuncia al mondo; Râbi'a: l'amore gratuito verso Dio; al-Muhâsibî: l'esame interiore.... Ebbene sembra che ci siano tutti i caratteri di un vero cammino spirituale universale. Rinuncia, amore e discernimento costituiscono un faro nella notte per la nave dello spirito in tempesta. A proposito dell'esame di coscienza, meglio definito come discernimento, al-Muhâsibî afferma:

> La meditazione è la porta della conoscenza di Dio (*ma'rifa*). Il servo può ben servire Dio con gli atti esteriori di devozione mille e mille anni: se non pratica la meditazione, tutto il suo servizio non fa altro che aumentare la sua distanza da Dio e la durezza del suo cuore e diminuire la sua fede[9].

Sembra di leggere santa Teresa d'Ávila quando ricorda che, senza orazione, tutto è più difficile e che lei stessa potrebbe sopravvivere senza eucaristia, ma non senza orazione, altrimenti detta meditazione e coscienza della presenza intima di Dio. In questa riflessione sull'esame di coscienza sembra anche riecheggiare la parola della Sapienza: «Principio della Sapienza è il Timore del Signore» (Sir 1,14). Ma in cosa consiste l'esame di coscienza? Al-Muhâsibî precisa:

[9] *Esperienze mistiche nell'islam, I. L'inizio di un cammino*, p. 72.

> L'esame di coscienza si fa su quattro cose: la fede e l'incredulità, la veracità e la menzogna, la testimonianza dell'Unità di Dio (*tawhid*) e l'associazionismo, la sincerità e l'ipocrisia[10].

Sembra una via leggermente dualista, ma tra vero bene e vero male non si dà un terzo elemento ammissibile. Al-Muhâsibî esclude perciò ogni sorta di compromesso. Vale la pena di precisare, qui, che cosa può intendere un musulmano con il termine di "associazionismo", radice di tutti i peccati. La fede fondamentale dell'islam è racchiusa nella professione di fede: «Non c'è Dio all'infuori di Dio (dell'Unico Dio)». Ora l'assoluta unicità di Dio nega l'adorazione di qualsiasi cosa che, seppur vagamente, possa essere associata alla divinità, fosse anche soltanto l'idea di Dio o di un'altra realtà suprema, ma che non sia Dio. Il fatto di associare a Dio un'altra cosa è ciò che l'islam intende per "associazionismo"; è la madre di tutti i peccati.

In fondo, quando Gesù pone l'*aut aut* tra Dio o mammona, mette in atto lo stesso procedimento esclusivo. Quando il denaro assurge a potere divino, allora rappresenta per l'uomo Dio stesso, e questa è l'origine di ogni male. Solo un sano ritorno su se stesso e sulle proprie azioni permette di analizzare se la nostra vita si sta orientando all'idolatria, oppure persevera nell'adorazione dell'unico vero Dio.

Nei tempi bui della storia, coloro che hanno mantenuto

[10] *Ibidem*, p. 73.

una coscienza viva sono sopravvissuti indenni alle illusioni dell'idolatria. Il tema dell'esame di coscienza – san Tommaso d'Aquino afferma che la coscienza è *cum scientia*, con scienza, e quindi una specie di conoscenza – si trova anche in un altro mistico: Dhu l-Nûn al-Misrî (m. 859). Originario dell'Alto Egitto, al-Misrî si è immerso nel fuoco della conoscenza di Dio e dell'amore e del rapporto con Dio:

> O Dio, davanti alla gente ti invoco: O mio Signore! Ma nella solitudine ti chiamo: O mio Amato (*habib*)[11].

L'amore, nel sufismo, è certamente una realtà possibile, ma anche ambigua. L'affermazione giovannea «Dio è amore» non la si trova mai tale e quale né nell'islam, né nel sufismo. E si capisce perché: è solo nel segreto della solitudine che ci si può indirizzare a Dio con il nome dell'Amato – l'Amato, perché è oggetto dell'abbondanza dell'amore che abita il cuore del sufi. Amore e conoscenza sono due estremi del percorso mistico, perché senza conoscenza non è possibile nemmeno amare l'Amante divino, a cui si è capaci di dedicare l'intera vita:

> Gli gnostici vedono senza scienza, senza vista, senza ricevere informazioni, senza osservazioni, senza descrizioni, senza il velare e senza velo[12].

[11] *Ibidem*, p. 63.
[12] *Ibidem*, pp. 67-68.

Nei primi mistici ci si imbatte facilmente nella dialettica di incontro e di allontanamento da quanto sembra mettere in comunicazione con Dio. Questo incontro divino che sfugge alla natura umana, questa ricerca di Dio, è un gioco, come un altro grande mistico afferma:

> Nell'eccesso del mio amore per Lui vorrei conservare sempre in me il ricordo (*ḏikr*) di Lui. Ma, o meraviglia! Proprio nel mio incontro (*wağd*) con Lui sparisce il mio ricordo di Lui! E cosa ancora più meravigliosa! Ora sparisce l'incontro, ora sparisce il ricordo, a seconda che Egli è vicino o lontano![13].

Così i sufi mi hanno condotto alla rinuncia, all'amore, al discernimento e ora sulla soglia dell'incontro con Dio. Pensare all'incontro con Dio... sembra impossibile! Diceva san Bernardo che quando pensava a Dio iniziava a tremare, sicuramente non solo per il timore, ma perché Dio è al di là di tutti i pensieri che possiamo avere, per quanto belli possano essere.

Tra sobrietà ed ebrietà

Due mistici rappresentano scuole spirituali apparentemente opposte: Junayd capostipite della scuola della so-

[13] Al-Nûrî (m. 907), *Ibidem*, pp. 90-91.

brietà mistica e Abû Yazîd al-Bistâmî rappresentante della scuola dell'ebrietà. Devo confessare il mio debole per il secondo. In Junayd tutte le tendenze ascetiche vengono incluse in una mistica ben temperata che non lascia spazio a slanci impetuosi. Per lui

> il sufismo è che Dio ti faccia morire a te stesso e ti faccia vivere in Lui...[14],

dove in queste poche parole sono condensati tre secoli di storia spirituale: l'obiettivo del sufi è di morire in Dio, anzi che Dio stesso ti annienti nel suo amore e che in Lui stesso tu continui a sopravvivere. Il fine mistico è quello di permanere nella divinità, completamente trasformato dall'Amato:

> L'amore significa che gli attributi dell'amante sono cambiati in quelli dell'Amato. Ciò è in accordo con il detto di Dio: «Quando lo amo, Io sarò il suo occhio con cui vede, il suo udito con cui ode, la sua mano con cui afferra»[15].

Riecheggia il detto attribuito al Profeta, straordinariamente suggestivo, grazie al quale si possono intuire gli elementi essenziali di una teologia spirituale dell'unione. È di grande impatto emotivo, poiché la volontà di Dio vie-

[14] *Ibidem*, p. 95.
[15] *Ibidem*, p. 96.

ne ad abitare lo spirito e il corpo del suo discepolo fedele. Tutta la tradizione sufi commenterà tanto con l'inchiostro quanto con l'esperienza questo *hadith* che ben si presta per la fondazione della mistica.

A Junayd si contrappone Abū Yazīd al-Bistâmî (m. 874) che occupa un posto a parte nel mio pantheon sufi. È con questo personaggio che ho iniziato a leggere seriamente i testi sufi, è in sua compagnia che ho fatto la mia prima tesi sul sufismo e l'induismo. Sì, perché questo personaggio è stato accusato di avere introdotto nel sufismo dottrine straniere ed eretiche. Bistâm è un villaggio nella regione del Sind, nella grande India, e la frequentazione con un maestro indù ha fatto credere che al-Bistâmî avesse introdotto nella dottrina sufi il panteismo. Al di là delle ipotesi e delle possibili influenze, ciò che resta per noi è la sua esperienza di incontro con Dio. Con al-Bistâmî ci troviamo di fronte a un mistico cosciente, che nel raggiungimento del puro nulla, incontra Dio uno:

> Un uomo venne a trovare Abū Yazīd e bussò alla sua porta. Abū Yazīd chiese: «Chi cerchi?» Rispose l'altro: «Abū Yazīd». Replicò. Abū Yazīd: «Procedi oltre! Nella casa non c'è nessuno, se non Dio, l'Altissimo»[16].

L'idea di una casa (il fedele stesso) abitata solo da Dio a tal punto da aver rimosso il proprio Io (*nafs*) è presente

[16] *Ibidem*, p. 85.

nell'opera e nel pensiero di al-Bistâmî e di numerosi altri sufi. La professione di fede nell'unicità di Dio viene parafrasata sperimentalmente in questi termini:

> «Non c'è che Dio all'infuori di Dio. Dunque io mi identifico con Dio». Così afferma il mistico: «Io non sono Io, Io non sono Io perché Io sono Lui, Io sono Lui, Io sono Lui: Io sono Lui, Lui»[17].

Ancora più blasfema suona quest'altra parola di al-Bistâmî, dove la Ka'ba viene identificata col sufi stesso:

> Stavo facendo il giro della Ka'ba in cerca di Dio; quando lo ebbi raggiunto vidi la Ka'ba girare attorno a me[18].

Questa identità si può capire solo nell'obiettivo dell'annientamento del sufi che è nulla ed essendo nulla è anche tutto, quindi anche Dio, anche nella Ka'ba.

Al-Hallâj, il sufi che chiamava se stesso "Dio"

Si tratta del paradosso della mistica musulmana, che verrà immortalato nel personaggio più conosciuto in Occidente, al-Hallâj (m. 922). Se Dio è tutto e io sono nulla,

[17] *Ibidem*.
[18] *Ibidem*, p. 86.

io sono anche Dio, poiché tutto è nulla e solo Dio è. Io sono la realtà divina. «Io sono Dio (la verità)» (*ânâ al-Haqq*). Scandalo! Come è possibile affermare una cosa simile? Forse è anche per questa ragione che al-Hallâj fu messo in croce. La sua storia ha appassionato e appassiona ancora tanti occidentali e cristiani. Tra questi l'islamologo francese Louis Massignon, che si riavvicinò alla fede cristiana proprio grazie all'incontro con la mistica di al-Hallâj, probabilmente perché simbolo di un sufismo impregnato e influenzato dal simbolo della croce. Questa segna misteriosamente il percorso interiore del mistico, come lui stesso testimonia:

> Sì! Va' ad avvertire i miei amici che io sono andato per mare e la nave s'è infranta. Religione di croce sarà la mia morte, più non voglio né Mecca e neppure Medina[19].

Anche altri versi sembrano fare eco alla dottrina dell'incarnazione:

> Lode a Chi ha manifestato la Sua umanità come glorioso segreto di divinità splendente. E che poi appare nel Suo creato sotto forma d'uno che mangia e che beve, in modo che chiunque può mirarLo come se dritto negli occhi Lo guardasse[20].

[19] Al-Ḥusayn Ibn Manṣur Al-Ḥallāj, *Il Cristo dell'islam. Scritti mistici*, a cura di A. Ventura, Milano: Mondadori, 2007, p. 79.
[20] *Ibidem*, p. 27.

Dio e l'Io si confondono perché il secondo, a un certo punto, evapora nell'assoluto essere divino:

> O tu che vuoi sapere la nostra storia, se ci vedessi non ci distingueresti. Io sono Colui che amo e Colui che amo è me, siamo due spiriti che dimorano in un corpo. Da quando siamo in stretta intimità, la gente ci cita come esempio. Se dunque vedi me, vedi Lui, e se vedi Lui, vedi noi[21].

Tutto è incentrato nell'Unico e si capisce perché al-Hallâj possa anche abbracciare le religioni tutte, fondate sull'unica Sorgente da cui scaturiscono i rivoli della verità:

> Ho molto pensato alle religioni, per capirle, e ho scoperto che sono i molti rami di un'unica Fonte. Non pretendere dunque dall'uomo che ne professi una, così si allontanerebbe dalla Fonte sicura. È invece la Fonte, eccelsa e pregna di significati, che deve venire a cercarlo, e l'uomo capirà[22].

Senza nulla togliere all'unicità divina, il mistico riesce a inglobare in una sola visione tutte le differenze religiose.

Questi sufi delle prime epoche mi emozionano ogni volta che leggo i loro testi, anche se li percepisco come "altri" dalla mia fede cristiana. Mi commuovono perché mi fanno capire quanto l'avventura con Dio sia davvero il

[21] *Ibidem*, p. 80.
[22] *Ibidem*, p. 73.

senso profondo della vita. Con al-Hallâj si arriva al limite del precipizio divino: si intravede l'immensità di Dio e ci si arrischia a gettarvisi... anche mettendo in gioco la propria individualità. Questo fa paura. Ne ha fatta ai musulmani stessi, e ancora di più ai cristiani, che hanno un senso forte della persona, dell'identità della persona umana anche di fronte a Dio.

Senza nulla togliere all'individualità, è però suggestivo farci un esame di coscienza alla luce di questa ipotesi sufi. Quanto saremmo capaci noi di perdere il nostro egoismo nell'oceano dell'Amore di Dio?

I sufi, soprattutto quelli delle prime generazioni, sono dunque mistici. Vera mistica? Mistica naturale? Chissà. A noi basta però assaggiare la cucina – forse un poco esotica – di questi uomini, sentire le spezie della loro spiritualità, convinti che essi sono il richiamo a una storia di passione divina, di passione amorosa per l'Amato divino.

III

L'ORDINE SUFI

I mistici si esprimono nella lingua sacra dell'islam, l'arabo, ma anche in persiano e in turco. Sono sempre sorpreso nel vedere quanto poco siano conosciuti gli autori di espressione turca; vere e proprie perle giacciono ancora in fondo all'oceano della storia dello spirito. Di fronte al patrimonio sufi in lingua araba, persiana e turca mi sembra di trovarmi davanti a una distesa sterminata. Quel che mi preme affermare con tenacia è la presenza massiccia del fenomeno sufi in ogni dove del mondo musulmano. Troppo spesso si relega la particolarità della mistica musulmana a una piccola manciata di uomini o donne dei primi secoli. Non sarà, invece, mai ripetuto abbastanza che il sufismo non è un movimento di strani personaggi da antiquariato. Tutt'altro!

Dopo i grandi mistici, viene l'età degli ordini sufi, che inaugura un'avventura storica poco conosciuta. Si tratta, qui, di scoprire quei teorizzatori che hanno garantito il passaggio dai mistici della prima ora all'epoca degli Ordini o confraternite. Tali sufi hanno reso più sistematico il pensiero dell'esperienza mistica primordiale, ponendo così le basi per una dottrina del sufismo. Si potrebbe addirittura affermare che hanno prodotto una sintesi teologica della mistica sufi, e per questa ragione, sono considerati imprescindibili per la comprensione della vita interiore. Sulâmî (m. 1021) configura il pensiero spirituale basandosi sui grandi maestri sufi della prima epoca, arrivando a sintetizzare mirabilmente l'interiorità sufi:

> Le condizioni del sufismo sono quelle che avevano stabilito gli antichi maestri, come la rinuncia a questo basso mondo; l'impegnarsi nel ricordo di Dio e nella pratica rituale; l'emanciparsi dalla gente; la sobrietà; l'essere appagati del poco che si è mangiato, bevuto e indossato; la sollecitudine verso i *fuqarâ'*; l'abbandono delle passioni; lo sforzo devoto e lo scrupolo: la scarsità di sonno e di parole; l'unione dell'aspirazione spirituale con la vigilanza del cuore; il distacco dalle creature e l'esilio; la riunione con i maestri; il sonno quand'esso prende il sopravvento; il riunirsi in moschea; il vestire l'abito logoro e vecchio[1].

[1] As-Sulamî, *Introduzione al sufismo* (Kitâb al-Muqaddima fî-t-Tasawwuf), a cura di Demetrio Giordani, Torino: Il leone verde, 2002, pp. 91-92.

In questo passo vi è tutto il sufismo dei secoli precedenti, e le potenzialità di quelli a venire: i *fuqarâ'* sono i poveri, tanto nel senso di bisognosi, quanto e, soprattutto, nel senso dei sufi. *Fuqarâ'* è uno dei termini più antichi per designare il sufi, cioè colui che bussa alla porta della saggezza. Il sufi, quello vero, è tutto orientato a una vita di ascesi, secondo il famoso adagio: *poco mangiare, poco parlare e poco dormire*. La sua esistenza è inoltre orientata al ricordo costante di Dio, incessante e senza interruzione, e alla meditazione grazie alla quale coltiva la vicinanza con Dio nella solitudine, lontano dal chiacchiericcio mondano della folla. Sarebbe interessante riprendere questo stesso testo e sostituire a "sufismo" il termine "vita monastica", e a "sufi" quello di "monaco". Con grande probabilità il tipo di vita dell'uno e dell'altro risulterebbe parecchio simile, anche se non ci si deve confondere su alcuni punti fondamentali, che vanno chiariti senza più indugiare.

Caratteristiche della vita del sufi

Il sufi non è un monaco, cioè un religioso che ha preso i voti all'interno di una vita comunitaria. Non è quindi un membro di un clero qualsivoglia – nell'islam non esiste vita clericale, cioè struttura gerarchica – né tanto meno appartiene a una vita comunitaria totalizzante. Si tratta piuttosto di un asceta, sposato – solo talvolta celibe –, dedito al proprio lavoro e alla propria famiglia, ma con una tendenza spirituale quale è stata sottolineata da Sulâmî.

Non si ripeterà mai abbastanza – anche qui per correggere un luogo comune – che il sufi non ha fatto alcun voto di celibato o di castità, e che non vive regolarmente e costantemente in un convento insieme ad altri "religiosi". I sufi si trovano tuttavia regolarmente – in momenti precisi della settimana – per vivere un'esperienza spirituale forte, accanto al proprio maestro spirituale, in compagnia di altri discepoli. La guida spirituale sufi è fondamentale per la direzione spirituale: lo *shaykh* – così si chiama in arabo il maestro, con un termine che ha dato luogo all'italiano "sceicco" – è l'anziano che ha dato prova di poter orientare la vita dei suoi discepoli. Sono sempre sorpreso nel pensare che la guida spirituale, anche nel sufismo, è designata dal termine "anziano, presbitero". Colui che orienta e che guida è sperimentato; per aver esperienza ci vuole del tempo e quindi anche una certa età. Anche se non è l'età anagrafica a far sì che un uomo o una donna abbiano acquisito la saggezza della direzione spirituale, rimane pur tuttavia fondamentale l'aver sperimentato la vita, aver fatto prova delle virtù di prudenza e sapienza.

Prudenza e abbandono sono due tratti costitutivi della vita del sufi. Sulâmî esprime opportunamente questa tensione spirituale, pur non fermandosi al puro sforzo ascetico:

> Fu chiesto a Dhû-n-Nûn sul *tawakkul* ed egli rispose: «Smettere di decidere di se stessi e lasciare la forza e la potenza». Quanto al *tawakkul* della gente dalle qualità particolari, così ha detto Abû-l-'Abbas ibn 'Atâ': «Chi si affida con fiducia a Dio senza (la presenza di) Dio, questi non si è affidato veramente a Dio; a meno che non si affidi a Dio, con Dio, per via di Dio, allora solamente si sarà affidato a Dio, affidandosi a lui senz'altro mezzo»[2].

Il *tawakkul* è il fiducioso abbandono che il sufi cerca di realizzare nella propria vita nei confronti di Dio onnipotente, rimettendo a Lui tutte le proprie forze in un atteggiamento quasi di rassegnazione. Leggendo il passo trasmesso da Sulâmî e attribuito a Ibn 'Atâ, è difficile non pensare a quanto san Tommaso d'Aquino riferisce nel commento alla preghiera del *Padre nostro* a proposito dell'umile:

> Si ha vera umiltà quando uno non presume assolutamente nelle proprie forze, ma aspetta tutto dalla potenza divina alla quale si rivolge supplichevole[3].

Nella sua opera di introduzione al sufismo, Sulâmî dedica due capitoli all'amore, prima ancora della conoscenza

[2] *Ibidem*, p. 59.

[3] Sancti Thomae de Aquino, *Expositio in orationem dominicam*, *proemium*; «*vera humilitas est quando aliquis nihil ex suis viribus praesumit, sed totum ex divina virtute impetrandum expectat*».

e dell'abbandono. Lo schema di questo trattato permette di intuire il percorso interiore di un sufi, impregnato d'amore, che si lancia nella conoscenza del Mistero divino, per poi rituffarsi nella vita morale. L'ultimo capitolo è sorprendentemente dedicato al sufismo: si tratta di un indizio alquanto interessante perché permette di capire che il "sufismo" stesso è una tappa del viaggio iniziatico. Sul cammino verso la pratica perfetta ci si imbatte nell'amore descritto come un mare infinito nel quale tuffarsi:

> Disse ash-Shiblî: «La realtà dell'amore è che tu doni tutto te stesso a Colui che ami, e che non rimanga in te nulla di ciò che possiedi». Si narra di due amanti che stavano viaggiando per mare; quando uno dei due, caduto in mare, stava per annegare, l'altro si gettò per soccorrerlo. Disse il primo al compagno: «Ebbene, io sono caduto in mare, ma tu perché ti sei gettato?» L'altro recitò i seguenti versi: «Per te mi sono estraniato da me stesso / E m'è sembrato che tu fossi me»[4].

Sulâmî è celebre per aver trattato di un atteggiamento interiore particolare, che si potrebbe definire "della vergogna spirituale". Nel senso che un sufi ricerca volontariamente il dissenso di coloro che incontra sul suo cammino, mostrandosi solo apparentemente come uomo dissoluto. Questa è però solo un'apparenza perché, in fondo, il sufi

[4] As-Sulamî, *Introduzione al sufismo* (Kitâb al-Muqaddima fî-t-Tasawwuf), p. 41.

che così si comporta coltiva interiormente delle virtù eccezionali. La *malâmatiyya*, così si definisce questo atteggiamento, è una modalità esistenziale secondo cui la vita virtuosa deve essere nascosta agli occhi degli uomini:

> Un loro precetto è che la povertà è un segreto che si condivide con Allāh; se si mostra esteriormente la propria povertà, che proviene da Lui, si fuoriesce dai limiti imposti dalla propria qualità di custodi. Tra di essi il povero non fa conoscere a nessuno la sua povertà, se non a Colui nei confronti del quale è completamente indigente; se la facesse conoscere ad altri, uscirebbe dai limiti della povertà, entrando in quelli del bisogno; infatti i bisognosi sono molti e i (veri) poveri pochi. Questo loro precetto l'ho udito espresso da Muhammad ben Ahmed ben Ibrāhīm, che riferiva da Talha as-Salmī che Shāh al-Kirmānī avesse detto: «La povertà è un segreto che Allāh ha dato al servitore; se egli la tace, è degno di fiducia; se la mostra, perde il nome di povero»[5].

Queste parole di Sulâmî descrivono fin troppo esplicitamente la situazione della quale approfittavano falsi mendicanti in cerca solo di qualcosa da mangiare e di mezzi ottenuti senza alcuno sforzo, né lavoro. La parola di san Paolo: «Chi non lavora neppure mangi» (2Ts 3,10) sigilla la verità della condizione umana dopo il peccato originale. La *Malâmatiyya* ha ascendenze cristiane, e l'origine si con-

[5] As-Sulamî, *I custodi del segreto. Risālat-ul-Malāmatiyya ovvero Epistola della Gente della riprovazione*, trad. di Giuditta Sassi, Milano: Luni, 1997, p. 47.

fonde anche con movimenti cristiani orientali. Un racconto come quello di Teofilo e Maria fa da sfondo a questa comune intenzione di nascondere la propria natura virtuosa agli estranei[6].

L'ideale dei *malâmati* è di grande ispirazione per la mia vita interiore. Mi piace pensare al sufi e anche al vero cristiano come a chi coltiva una tale intensa vita interiore, che deve addirittura nasconderla pubblicamente. Sembra proprio il contrario di quanto viviamo oggi: si ostentano comportamenti ineccepibili, che non sono frutto di una vera vita virtuosa, rivendicata con insistenza. Quando penso ai *malâmati* immagino san Filippo Neri che, prima di celebrare, doveva scherzare e ridere per riuscire a evitare l'estasi durante la messa... e doveva far attendere per ore i partecipanti. Sembra addirittura che questo movimento della "vergogna spirituale" sia ispirato anche al discorso della montagna. Anche se non possiamo provare con certezza l'influenza delle beatitudini, si può almeno constatare che la persona che vive davvero una esperienza interiore non ha bisogno di mostrarla e, anzi, il giudizio degli "altri" è relativizzato. Non è facile quindi distinguere il vero *malâmati* da chi invece scimmiotta questa modalità. Il non sapere e il non poter riconoscere facilmente le virtù autentiche del prossimo aumenta l'umiltà dell'osservatore. Questa spiritualità ricorda vagamente quanto il Concilio di

[6] Giuseppe Gangale, «Teofilo e Maria. Storia di due santi folli antiochieni», in *Rivista di ascetica e mistica*, 2009, n. 3, pp. 665-701.

Trento aveva decretato solennemente in una dottrina che soprattutto oggi sembra davvero luminosa:

> Non si deve nemmeno dimenticare che, anche se la Sacra Scrittura attribuisce tanta importanza alle opere buone, al punto che a chi ha dato un bicchiere d'acqua fresca a uno dei suoi piccoli, Cristo promette una ricompensa; e se l'apostolo testimonia che il «momentaneo, leggero peso della nostra tribolazione ci procura una quantità smisurata ed eterna di gloria», mai un cristiano deve confidare o gloriarsi in se stesso e non nel Signore, il quale è talmente buono verso tutti gli uomini, da volere che diventino loro meriti quelli che sono suoi doni[7].

Il segreto sufi, così come quello del vero cristiano, dimora nell'umiltà delle proprie azioni fondate nella grazia immensa di Dio.

Ansârî e l'islam rigoroso

Ansârî è un vero compagno, di nome e di fatto. Lo è stato certamente per Serge de Beaurecueil, che ne ha tradotto in francese l'avvincente poetica mistica. Grazie a questo domenicano sono entrato facilmente nei panni di

[7] H. Denzinger, *Enchiridion symbolorum, definitionum et declarationum de rebus fidei et morum*, a cura di Peter Hünermann, Edizione bilingue, Bologna: EDB, 1995, n. 1548.

questo mistico, felice di scoprire che anche Ismail Ankaravî, derviscio di cui ho studiato personalmente l'opera, aveva ripreso uno dei suoi trattati principali.

Ansârî (m. 1089) era un buon musulmano, appartenente alla scuola giuridica – ce ne sono quattro nell'islam – più rigorosa, quella di Ibn Hanbal o hanbalita. La figura di Ansârî appartiene dunque a un islam severo, ma che sa esprimersi anche in termini straordinari. Se si capisce questo punto, si possono superare le equazioni del genere: islam uguale insensati furiosi; o sufi poeti stravaganti.

Ansârî è stato uno dei mistici che non hanno rinnegato il rigore della fede; anzi, al contrario, ne ha fatto il punto di partenza del suo cammino. Serge de Beaurecueil avrebbe detto di quelli come Ansârî: «I sufi sono coloro che prendono seriamente la propria religione». Egli l'aveva presa talmente sul serio che un giorno decise di abbandonare la pratica della danza sufi, del *semâ'*, perché durante una celebrazione di quel genere si era probabilmente inebriato nell'osservare un giovane uomo nell'ardore dell'estasi. Esperienza che lo condusse ad abbandonare la pratica di questo rito così importante. Poco importa se Ansârî si sia rifiutato di proseguire con la danza, ciò che importa è che abbia lasciato emergere il suo grido interiore. 'Attâr, celebre poeta di lingua persiana lui stesso impregnato di sufismo, nella sua magistrale opera biografica così definisce Ansârî:

Che la misericordia di Allāh sia su 'Abd Allāh ben Munāzil, su questo uomo che non temette di affrontare il disprezzo per seguire la strada dell'amore, dotato d'una natura d'eccezione e autore di molti miracoli, su colui che fu collocato nella schiera degli uomini più sapienti! Fu discepolo di Ḥamdūn al-Qaṣṣār e profondo in ogni specie di scienza. Lo *shaykh* diceva: «Il sapere non sarà d'alcuna utilità a chi non avrà rispetto per le convenienze. Segno sicuro della povertà (spirituale) è il distacco interiore dalle cose di questo mondo e dalla speranza nella vita futura»[8].

Ansârî ha lasciato degli aforismi mistici, o meglio, come li definiva Serge, dei gemiti del cuore, di un'intensità sorprendente:

Meschino colui che trascorre la vita senza sentire il tuo profumo! Chi son, per Te, coloro che non ti cercano nell'Oceano?[9]

Tutta la tensione interiore è orientata alla ricerca e alla vita in Dio, senza il quale tutto è morto:

O Dio! Nessun altra gioia se non nella conoscenza Tua, nessuna gioia se non nella manifestazione Tua! Colui che vive

[8] Farīd ad-Dīn al-'Aṭṭār, *Parole di Sufi* (Tadhkirat al-Awliyā), a cura di Laura Pirinoli, Milano: Mondadori, 2001, p. 343.

[9] Khawâdjâ 'Abd Allâh Ansârî, *Cris du Cœur, Munâjât*, trad. di Serge Laugier de Beaurecueil, Paris: Cerf, 2011, pp. 82-83.

senza di Te è come un cadavere in prigione, la vita senza Te è la morte stessa! Colui che vive in Te è eterno[10].

Mi si dirà: qui si svolazza semplicemente tra frasi, una più mistica dell'altra. Ma tutto questo misticismo non ha forse incontrato ostacoli e critiche da parte degli stessi musulmani? Sì e no. Con la fine tragica di al-Hallâj, e il sospetto di eresia nei suoi confronti, il sufismo necessitava di una riabilitazione ufficiale e di un'attestazione di ortodossia, che vennero grazie all'opera di un sapiente dottore.

Il "Tommaso d'Aquino" sufi: al-Ghazâlî

Originario del Khorasan, Abû Hâmid al-Ghazâlî (1058-1111) ha lasciato un trattato che può essere considerato una sorta di *Summa Theologiae* di san Tommaso d'Aquino del pensiero religioso musulmano. Nella sua opera pensata per rinvigorire le scienze islamiche, al-Ghazâlî tratta di numerose questioni relative al sufismo, rendendolo ormai a pieno titolo un esercizio ascetico e mistico dell'islam. Il suo linguaggio è profondamente differente da quanto trasmesso dai sufi dei secoli precedenti. Alla poesia viene sostituita una prosa meno ispirata, come ben si può constatare da una rapida lettura. Per quanto riguarda la "fiducia assoluta", così egli si esprime:

[10] *Ibidem*, p. 92-93.

> La confidenza [in Dio] è una delle tappe della religione, ed è una delle stazioni di coloro che hanno raggiunto lo stato di certezza, anzi è uno dei più alti gradi di coloro che sono giunti alla vicinanza [di Dio] (*muqarrabūn*). In se stessa [questa tappa] è oscura quanto alla scienza (*'ilm*) e impervia quanto alla pratica (*'amal*)[11].

Poco oltre, sempre riguardo alla stazione della confidenza, al-Ghazâlî afferma:

> Quanto sublime è questa stazione, se colui che la raggiunge è contrassegnato dal segno che Dio lo ama, e colui che la pratica ha la garanzia che Dio gli è sufficiente (*kifāya*)! E colui al quale Dio basta ed è sufficiente, che Dio ama e di cui si prende cura, costui ha ottenuto la splendida vittoria. L'amato [da Dio] infatti non patisce né sofferenza, né allontanamento, né nascondimento [da parte di Dio][12].

A chi cerca una presentazione sistematica del sufismo non potremo che consigliare la lettura di questo grande dottore – di cui si possono trovare varie traduzioni, sebbene parziali – che ha dato una legittimità alla pratica mistica.

Con al-Hallâj e al-Ghazâlî si chiude la seconda fase del sufismo e se ne dischiude una terza, quella degli Ordini sufi, le "vie di Allah".

[11] *Esperienze mistiche nell'islam, III. al-Niffarī e al-Ġazālī*, Testi significativi della mistica islamica tradotti e commentati da P. Giuseppe Scattolin, Bologna: Editrice Missionaria Italiana, 2000, pp. 197-198.
[12] *Ibidem*, p. 199.

La terza fase del sufismo: l'epoca dei "secondi fondatori"

La via del sufi (*tarîqa*) verso la realizzazione dell'unità con Dio inizia con il patto di obbedienza celebrato nella mani di un maestro. Lo *shaykh* è la guida in terra per il sufi, il rappresentante in carne e ossa del Profeta Muhammad e, in ultima analisi, di Dio stesso. Si capisce perché il discepolo gli debba un'obbedienza scrupolosa, proprio perché metafora della sottomissione a Dio. Lo *shaykh* si pone, per ciascuno dei suoi discepoli, l'obiettivo del raggiungimento del livello spirituale più elevato. I discepoli o novizi, per il tramite del maestro, tentano di pervenire al senso interiore del messaggio coranico che, per i non iniziati, permane legato all'interpretazione letterale. Intorno agli insegnamenti dei grandi maestri dei primi secoli si cristallizzano scuole e maestri con i propri discepoli, con la conseguente formazione di veri e propri Ordini sufi, fondati sul patto di obbedienza al maestro e su alcuni rituali specifici, tra cui la ripetizione del nome o dei nomi di Dio (*dhikr*).

Tra i primi Ordini ne possiamo elencare almeno cinque: la *Qâdiriyya*, la *Rifâ'iyya*, la *Suhrawardiyya*, la *Chistiyya*, la *Kubrawiyya*. Nomi che non dicono nulla alla maggior parte di noi, ma che portano in sé correnti spirituali e uomini che hanno saputo impegnare la propria vita nella diffusione del messaggio islamico e di una spiritualità dell'unità divina.

Ogni Ordine sufi conta un fondatore e talvolta anche un secondo fondatore. È interessante pensare come le persone dotate di grande carisma non riescano, eccetto alcuni pochi casi, a offrire una stabilità organizzativa al loro Ordine. Il carisma impegna direttamente in un'opera spirituale più che giuridica. Sicché in molti casi, al fondatore carismatico segue un "secondo fondatore", orientato più direttamente all'organizzazione del gruppo.

Per esempio, Rûmî non si occupò tanto di formare l'Ordine dei dervisci danzanti o Mevlevî, ma fu suo figlio, Sultân Veled, a farsene carico, trasformando il gruppo di discepoli in una vera e propria organizzazione mistica con tanto di pratiche e riti.

In questa nuova fase del sufismo, storica, teologica e simbolica, si scorge un ulteriore progresso. I testi mistici d'ora in poi fanno riferimento a tutta la tradizione precedente e per leggerli bisogna in un certo qual modo possedere anche la terminologia. Vi è una specie di retorica spirituale, che aiuta il sufi a entrare sempre di più in un universo suo proprio. Najm al-Dîn Kubrâ, fondatore della via sufi *Kubrawiyya*, si lancia in speculazioni ridondanti, ma potenti dal punto di vista simbolico. Ecco, per esempio, come esprime il valore dell'abito sufi, la cosiddetta *khirqa*:

> Il vestito che rimase sul mio corpo era tutto rattoppato. Il rattoppamento era fatto di impotenza e di demoralizzazione,

non di potenza né di esibizione. Questo è il segreto della *khirqa* dei Ṣūfī e la sua spiegazione. Di solito, gli uomini non ammettono di una cosa che quanto conforme alla sua appartenenza. I musulmani e i credenti sono gli occhi di Dio sulla terra; se vedono [spassarsela] tra le rovine nella veste di un Ṣūfī qualcuno che è in realtà un grande peccatore, accentrano su di lui il biasimo e la censura, anzi le loro preoccupazioni li spingono fortemente a batterlo e a cacciarlo, pur se costui fosse un frequentatore abituale delle rovine. Se vedono qualcuno nello stato opposto, ossia qualcuno che è senza la *khirqa* e segretamente è un santo, lo perdonano, per il valore che ha la realtà intelligibile (*ma'nā*) rispetto alla forma (*ṣūra*). Quando gli ostacoli esteriori si allontanano da lui, il Maledetto [*Shayṭān*] lo spinge a cercare l'indulgenza di Dio, la sua misericordia per i disobbedienti e la protezione che Egli accorda loro, e [lo induce a pensare che] dopo magari lo perdonerà[13].

L'atmosfera nella quale ci si muove è più simbolica, più metafisica e, talvolta anche più astrusa. L'abito sufi è simbolo della santità, delle virtù, ma il portarlo non è più indicativo di una certezza morale per chi osserva le azioni degli altri. Tuttavia, la tonaca è rattoppata e il rattoppo simboleggia uno stato interiore particolare, la desolazione.

Il racconto della propria esperienza, considerato nella

[13] Najma al-Dīn Kubrā, *Gli schiudimenti della bellezza e i profumi della maestà. Fawātiḥ al-Jamāl wa Fawā'iḥ al-Jalāl*, trad. a cura di Nahid Norozi, Milano: Mimesis, 2011, p. 172.

cultura islamica come un peccato d'orgoglio, traspare talvolta nei trattati di spiritualità:

> La prima volta che entrai nel ritiro spirituale, nel mio cuore v'era una specie di ipocrisia, di [segreta ispirazione alla] fama e alla ricerca per poter parlare della vita spirituale, per poter tenere sermoni alla gente dai pulpiti; e mi credetti unico fra loro nonostante non lo fossi. Ho ottenuto qualche svelamento, nella misura in cui sapevo che questa vita spirituale era quella corretta. Ma, essendo corrotto il fondamento del mio ritiro, per il fatto che il mio scopo non era giusto e la mia intenzione non era sincera, e anche per il fatto che avevo dei libri fuori dal ritiro ai quali ero interessato, fui espulso dal ritiro all'undicesimo giorno [...] Purificai dunque l'intenzione, mi misi nel palmo della mano l'anima e dissi: «Eccola, prendila!» Diedi in beneficenza i miei libri, donai i miei vestiti, feci una donazione dei miei denari, gettai dietro di me il mondo e misi l'Aldilà davanti a me; e infine persi il ritegno della vergogna e dell'infamia tanto che la gente diceva di me: «È meschino e degradato, o impazzito, e ciò che è successo è dipeso solo da lui». Allora misi la mia anima a disposizione del maestro, così come [si mette] un morto sulla tavola tra le mani del lavatore, dicendo: «Ora, subito, entro nella tomba e non uscirò da essa fino al giorno del giudizio»[14].

Il detto secondo il quale il sufi deve obbedire come il morto nelle mani di chi lo lava è fondamentale per compren-

[14] *Ibidem*.

dere fino a che punto il discepolo debba rispondere agli ordini del proprio maestro. Questa obbedienza non può non ricordare quella della tradizione di Sant'Ignazio di Loyola, fondatore della Compagnia di Gesù: *Perinde ac cadaver*.

Ibn 'Arabî

Due maestri segnano, in quest'epoca, il panorama sufi in modo indelebile, aprendo ulteriori prospettive di interpretazione. Ibn 'Arabî (m. 1240) è il capostipite di una filosofia mistica detta dell'unicità dell'esistenza, che afferma in termini assoluti Dio come unico Essere. È come se egli sottolineasse in modo radicale che Dio è l'unica cosa veramente esistente, e tutto il resto, cioè noi e il creato, siamo pure immagini illusorie. Le creature assumono i caratteri di una manifestazione divina sotto forma di apparenze puramente esteriori. Il rischio di sopprimere l'esistenza propria delle creature è quanto mai reale nel sistema d'Ibn 'Arabî, attaccato a più riprese e talvolta condannato dai dottori della Legge con accuse di panteismo, cioè dell'idea che «tutto è Dio».

Il grande mistico ha lasciato un gran numero di scritti e la sua filosofia è paragonabile a quella di Meister Eckhart, il domenicano medioevale che esprimeva filosoficamente l'esperienza estatica.

Ibn 'Arabî vive un'esperienza spirituale e la rilegge

all'interno delle proprie categorie filosofiche e religiose. Quel che è meraviglioso in lui è l'elaborazione della dottrina delle emanazioni o manifestazioni dell'unico Essere. Negando l'analogia – fondamentale nel sistema di san Tommaso d'Aquino e in quello antico – Ibn 'Arabî deve dimostrare come possa esistere qualcosa al di fuori dell'unico Esistente, Dio. Come fare? Attraverso le manifestazioni della multiforme ricchezza dell'Essere.

Nonostante le critiche e le difficoltà, questa dottrina rimane per più di un aspetto affascinante, come si può desumere anche dal seguente breve testo, tratto dall'*Epistola dei settanta veli*, scritta per indirizzare sulla buona strada un discepolo che chiedeva consiglio:

> O nobile amico e intimo allievo! Ho voluto rispondere alla tua domanda su come imboccare il sentiero che conduce al cospetto del Signore della Gloria (Egli è l'Altissimo!); su come accedere alla presenza di Lui, alla Sua creazione, senza alcun iato. In verità, nulla esiste all'infuori di Dio Altissimo, dei Suoi attributi, dei Suoi atti. Il Tutto è Lui, in Lui, da Lui a Lui. Orbene, se Egli velasse per un battere di ciglia il mondo, questo svanirebbe in un istante. Infatti, il mondo in tanto sussiste, in quanto Dio lo protegge e lo sorveglia. Sennonché, Egli è Colui che appare in una Luce tanto intensa da indebolire la capacità di percepirLo; perciò, tale apparizione è detta "velo" (*ḥiǧāb*)[15].

[15] Muḥyî al-Dīn Ibn al-'Arabī, *L'epistola dei settanta veli*, a cura di Angelo Iacovella, Roma: Voland, 1997, pp. 24-25.

Il mondo sarebbe quindi un velo, che lascia trasparire l'intuizione dell'Essere unico e sussistente, Dio.

Rûmî e la religione dell'amore

Il secondo grande maestro è Mawlânâ Rûmî. Se Ibn 'Arabî rappresenta il campione della metafisica sufi, fin quasi ad attribuirgli l'assenza di una mistica affettiva del "cuore", Rûmî è assurto a prototipo del mistico della "religione dell'amore". Questa opposizione è fin troppo formale e artificiale, e in mistica non si può mai tenere una posizione così netta. Si tratta invece di colorazioni, di diversi atteggiamenti dell'uomo di fronte a Dio.

Mawlânâ Jalâl al-Dîn Rûmî (m. 1273) costruisce la sua personalità mistica in Anatolia, dove nasce l'Ordine dei dervisci danzanti o più precisamente Mevlevî, dal nome del fondatore[16]. Rûmî è un grande compagno, un cantore semplice e profondissimo della vita con Dio, dell'unione con Dio onnipotente. La sua poetica trasmette il senso divino: tutto, nella sua vita, sembra comunicare qualcosa di più del semplice avvicendarsi del tempo. Ho dedicato già parecchi anni a studiare lo sviluppo dell'Ordine da lui ispirato e fondato, ma poi ritorno sempre all'origine, cioè a Rûmî, come alla sorgente. Spesso mi ritrovo a leggere una

[16] Alberto Fabio Ambrosio, *Dervisci. Storia, antropologia, mistica*, Roma: Carocci, 2011.

quartina – in persiano – e a provarmi a tradurla tentando di trarne frutto spiritualmente. Con Rûmî capita davvero spesso. È per questa ragione che è diventato – molto probabilmente a torto – il modello del mistico senza religione. Per nulla! Rûmî è un vero fedele musulmano, ma da mistico del cuore qual era, più che vedere le barriere, cercava nell'unità di Dio l'unità del tutto. Sono soprattutto i mistici di lingua persiana che si sono sforzati di comunicare l'idea dell'unità del tutto, dove il cuore è comune a tutto, perché interno. Le religioni sarebbero invece manifestazioni esterne di una comune essenza. Ogni cosa è orientata all'unità di Dio: in questo non siamo distanti dal pensiero di Ibn 'Arabî. Nell'amore, d'altro canto, questa unità è ancora più forte. Qui risiede la grandezza di Rûmî, come espresso in questa bella quartina:

> Lascia che il mio amante sia sempre ubriaco e umiliato.
> Lascia che sia un folle dalla passione violenta.
> Noi ci risvegliamo lucidi
> ma da ebbri, accogliamo la volontà di Dio[17].

Nel testo seguente, tratto dal suo *Canzoniere*, Rûmî indica, con riferimento alla filosofia neoplatonica, un'esistenza precedente e, al tempo stesso, la ricerca dell'unica verità:

[17] Mevlânâ Celâleddin Rumî, *Hz. Mevlânâ'nın Rubaileri*, a cura di Ahmet Metin Şahin, Istanbul: Irmak Yayınları, 2008, p. 9. Versione bilingue persiano-turco delle quartine di Rûmî.

Io ero, nel tempo in cui non erano i Nomi, e nessuna traccia v'era d'esistenza di esseri.
E il ricciolo dell'Amico eterno era l'unica traccia di vero e l'unico oggetto era Dio!
E tutti gli oggetti e i nomi promanarono da Me, in quell'attimo eterno quando né Me né Noi v'era!
E in quell'attimo antichissimo e primo mi prostrai a Dio, quando ancora Gesù non fremeva in seno a Maria.
Da un capo all'altro percorsi tutta la Croce, e tutti i Nazareni conobbi: sulla Croce non c'era!
Nella Pagoda andai, e nel tempio dei monaci antico andai: nessun colore, colà, m'apparve di Lui.
Le redini della ricerca volsi allora alla Ka'ba, ma là, in quella mèta di giovani e vecchi, nulla v'era.
E viaggiai verso Herât e viaggiai verso Qandahâr, e sotto cercai, e sopra cercai; ahimè, anche là non era!
E volli spingermi ancora fino alla cima dei monti Qâf ai confini del mondo;
della Fenice eterna, là, traccia non v'era!
E ne chiesi allora alla Tavola di Diaspro e al Càlamo di Dio, ma, e l'uno e l'altro muti, non fecero parole.
E l'occhio mio, capace solo di Dio, non vedeva dovunque altro che qualità e forme estranee all'Eterno.
E, infine, mi fissai lo sguardo nel cuore, ed ecco, là io Lo vidi, in nessun altro luogo che là, Egli era!
E per vero, così perplesso, stupefatto ed ebbro ne fui che un atomo solo dell'essere mio più non si vide. Io più non ero[18].

[18] Gialâl ad-Dîn Rûmî, *Poesie mistiche*, trad. di Alessandro Bausani, Milano: Biblioteca Universale Rizzoli, 1988, pp. 57-58.

Con Rûmî si possono passare, senza mai stancarsi, giornate intere alla ricerca della verità divina, del suo Amore e della passione per l'Unità. Avremo modo di stare in sua compagnia tra poco, a proposito della religione dell'amore, o meglio, dell'amore stesso per Dio. Infatti, dopo questo sguardo ai grandi del sufismo sembra giunto il momento di danzare con i sufi, di capire come raggiungano quegli stati interiori a cui anelano. È questo il senso di un cammino da seguire o, meglio, di una scala da salire.

IV

LA DIVINA ASCENSIONE

L'uomo ha sempre cercato, ambito, aspirato e infine anelato a raggiungere la divinità, a comunicare con Dio. Il sufismo è una via di realizzazione di questa aspirazione tutta umana di ricongiungersi con la divina origine. L'enciclica di Benedetto XVI sulla carità parla proprio di questa ricerca umana, che si trova sparsa in tutte le religioni, perché infusa nel cuore dell'uomo. Il sufi è uno di questi ricercatori dell'unità divina. Da buon musulmano, è un iniziato o viandante verso gli stati più elevati della condizione umana. Questo desiderio anima la sua ricerca, ogni sforzo che può compiere costantemente sulla via del compimento ultimo. Il cammino iniziatico, o via dell'iniziato, costituisce la struttura interiore della consacrazione al sufismo.

Questo viaggio nell'interiorità, scandito da stati spirituali (*ahwâl*), dimore (*manâzil*) e stazioni (*maqâmât*) – a seconda degli autori – potrebbe infastidire e sorprendere alquanto il lettore abituato a una spiritualità cristiana libera dalla descrizione pedissequa del cammino spirituale. Ma per percepire con rispetto l'iniziazione sufi, va fatto uno sforzo di memoria della storia della spiritualità cristiana. Almeno è quel che è capitato a me negli anni passati. Dapprima non capivo il perché di tutti questi passaggi, di queste tappe e del senso di dover spiegare il cammino graduale dell'iniziato. Poi, guardandomi intorno e ritornando alla tradizione cristiana, ho dovuto cambiare parere: anche nel cristianesimo, infatti, si ritrova una corrente che, dall'antichità fino all'epoca moderna, si sforza di descrivere il cammino interiore secondo gradi e passaggi. Da Giovanni Climaco, autore antico, con la sua "scala verso il paradiso", al domenicano francese del XX secolo Réginald Garrigou-Lagrange, si può tracciare una linea ininterrotta di studio teologico dell'iniziazione cristiana. Si tratta delle tappe che costellano la salita verso il Monte Carmelo – come direbbe san Giovanni della Croce –, o della via verso il matrimonio mistico con Cristo. Tutti gli spirituali, quindi, sembrano doversi quasi aggrappare ai pioli di una scala, o inerpicarsi sui sentieri di una montagna, oppure ancora intraprendere una via con stazioni, tappe e gradi per segnare il proprio progresso.

Nell'ambito cristiano, a mio parere, la vita cristiana è stata a lungo scandita e descritta, ben più di quanto ci si possa immaginare, da una panoplia di stati spirituali atti a condurre il cosiddetto incipiente, progrediente e perficiente alle vette più alte della contemplazione infusa. Sono stati i teologi domenicani, tra cui Arintero, a richiamare l'attenzione sulla mistica come sviluppo naturale della vita cristiana e intimamente dipendente dalla grazia di Dio.

Non voglio certo addentrarmi qui nella complicatissima questione della "grazia" che ha opposto – fino allo scontro – domenicani e gesuiti al Concilio di Trento, ma vorrei almeno accennare all'importanza di tale questione.

La vita interiore è un cammino "a gradini", oppure un ascensore, come avrebbe detto santa Teresa di Lisieux? Teresa di Gesù Bambino, infatti, con la sua via d'infanzia o "piccola via", si è sbarazzata di tutta una sovrastruttura spirituale che la storia cristiana aveva cristallizzato in formule oramai prive di valore e lontane dalla sensibilità dei credenti. Così si esprimeva la santa, in una delle lettere che sigillano l'operazione di smantellamento di una visione fin troppo rigida:

> La mia via è una via tutta di fiducia e d'amore; io non capisco le anime che hanno paura di un così tenero Amico. Talvolta, quando leggo certi trattati spirituali, nei quali la perfezione è presentata attraverso mille ostacoli, circondata da una folla di illusioni, il mio povero spirito si stanca molto presto; chiudo il dotto libro, che mi rompe la testa e mi inaridisce il cuore, e prendo la Sacra Scrittura. Allora tutto mi appare lu-

minoso: una sola parola svela alla mia anima orizzonti infiniti; la perfezione mi appare facile; vedo che basta riconoscere il proprio niente e abbandonarsi come un bambino nelle braccia del buon Dio[1].

Alcuni libri di spiritualità di fine Ottocento ostacolavano il cammino piuttosto che renderlo gradevole e appassionante. Qui, a mio avviso, sta uno dei segreti della piccola santa e del grande cammino che ha voluto far riscoprire alla Chiesa, proprio in un'ottica di rinnovamento. Il fatto che Teresa di Lisieux si tolga la corazza di una vita interiore scandita da tante regole e regolette, sembra rappresentare un punto di non ritorno. Teresa richiama all'essenza della vita cristiana e alla sua mistica. E questo, lo dico con tanto rispetto, è uno dei motivi per cui ben pochi hanno tentato una seppur banale comparazione tra Teresa e i mistici appartenenti ad altre religioni. Non conosco studi che mettano a raffronto la piccola Teresa con, per esempio, un sufi. Puro caso? Non credo proprio.

La mistica come cammino iniziatico

Questa digressione è indispensabile per capire lo iato tra mistica cristiana e mistica musulmana. Se per la misti-

[1] Santa Teresa di Gesù Bambino e del Volto Santo, *Opere complete. Scritti e ultime parole*, Città del Vaticano-Roma: LEV-OCD, 1997, p. 573.

ca cristiana il percorso interiore scandito e descritto da tappe e gradi è un aspetto esistente, ma anche secondario, nel sufismo non è per nulla così. I trattati descrivono il cammino dell'iniziato non come un'opzione, ma come insito nella natura stessa della mistica musulmana. Il sufismo non è solo mistica così come può immaginarla un cristiano, ma è anche un cammino iniziatico con tanto di maestro e di gradi da percorrere.

Che cosa vuol dire cammino iniziatico? Ricordo che da ragazzo quando sentivo la parola "iniziatici" non la capivo. Mi dicevo: ma cos'è? Una cosa che inizia? Mi restava un poco astruso il termine. Poi, studiando e accostandomi al mondo della teologia cristiana dei primi secoli, e alla questione della liturgia, e infine del sufismo, mi sono fatto un'idea sempre più chiara.

Il cammino iniziatico è il cammino di chi "viene iniziato". Bella tautologia!

Allora chi è l'iniziato? È colui che, per avanzare nel cammino, deve essere condotto da una guida, da un maestro che, a ogni grado raggiunto, propone un rito di passaggio. In questa prospettiva, il sufismo è più giustamente associabile ai percorsi iniziatici delle società segrete o delle antiche vie orfiche o pitagoriche, con cerimonie di avanzamento da uno stadio all'altro. Motivo, questo, che ha condotto i sufi a entrare – per esempio durante l'Impero ottomano – nelle società segrete fondate a Istanbul e altrove nelle regioni dell'Impero. Questa vicinanza di prospettiva spirituale avrebbe permesso anche affinità che, nel tempo, portarono a vere e proprie doppie appartenenze, senza per questo creare alcun problema ai sufi.

Ma una storia così lunga di testi e trattati per descrivere lo stato spirituale e la stazione ha un suo valore anche per chi non appartiene a quella tradizione. Per capire quanto la terminologia sufi si sia precisata nel tempo, è necessario, seppure brevemente, definire che uno stato spirituale è un fatto temporaneo, momentaneo, che dipende da numerosi fattori. Ha una valenza psichica più forte di quanto possa designare la tappa o il grado o ancora la stazione spirituale. Qui, il sufi procede per un tempo più lungo verso un nuovo momento dell'interiorità. Nel periodo in cui staziona a un certo grado, infatti, può vivere e sperimentare vari stati temporali. Questa sequenza di stadi e istantanee spirituali può essere compresa con il ricorso alla riflessione psicologica – questa invece estremamente importante oggi nella spiritualità cristiana. In questo senso anche il sufismo, inteso come cammino interiore, con le sue tappe e gradi, diventa una sorgente di ispirazione mistica per chi sufi non è. Ogni tappa o descrizione di un grado diventa, infatti, il punto di partenza di un confronto interiore con un altro che abbia già immaginato o addirittura vissuto quello stesso percorso.

In uno dei trattati fondamentali del sufismo, ne *Lo svelamento del segreto* (*Kashf al-Mahjûb*) al-Hujwîrî (m. 1072) così definisce i pilastri del cammino iniziatico:

Maqâm designa lo stare di qualcuno nella vita di Dio, adempiendo agli obblighi inerenti a questa stazione, e il suo permanervi fino a che se ne afferri la perfezione, nella misura delle possibilità umane. Non è possibile che egli lasci la *maqâm* senza adempiere gli obblighi che essa comporta. Perciò, la prima *maqâm* è quella del pentimento ('*tawba*'), quindi viene quella della conversione ('*inâba*'), poi quella della rinuncia/ascesi ('*zuhd*') e della completa fiducia in Dio ('*tawakkul*'), e così via. Non è possibile per nessuno pretendere di convertirsi senza pentimento, rinunciare senza convertirsi, e avere completa fiducia in Dio senza rinuncia. *Ḥâl* è qualcosa che discende da Dio nel cuore dell'uomo senza che questi sia in grado, con il proprio sforzo, di rifiutarlo quando arriva, e di trattenerlo quando se ne va. Perciò, il termine *maqâm* denota la via del ricercatore, i suoi progressi nel dominio dello sforzo di procedere, il suo rango di fronte a Dio in proporzione ai suoi meriti, mentre lo *ḥâl* si riferisce al favore e alla grazia che Dio conferisce al cuore del Suo servitore, che non sono connesse con le sue mortificazioni. La *maqâm* appartiene alla categoria delle azioni, lo *ḥâl* a quello dei doni; colui che è in una *maqâm* l'ottiene grazie alle mortificazioni di se stesso, mentre colui che ha uno *ḥâl* è (morto al sé), e vi permane in virtù dello *ḥâl* che Dio crea in Lui[2].

Proprio perché questo passaggio è difficile, è davvero iniziatico, nel senso che lo può capire solo chi è già nel cammino.

[2] Al-Hujwîrî, Abû al-Hasan, *Kashf al-Mahjûb*, Beirut: Dâr al-nahda al-'arabiyya, 1980, p. 409, citato in Daniele Cevenini, *Gradi di realizzazione nel sufismo*, Bologna: Libreria Bonomo, 2008, pp. 31-32.

Numerosi altri testi fanno riferimento alle vie di realizzazione sufi, assumendo un ruolo capitale come compagni di viaggio. In questo pellegrinaggio terreno, dove il sufi cerca di ascendere grazie alla scala celeste – come l'abbiamo definita –, questi si lascia certamente accompagnare dai testi di coloro che l'hanno in precedenza descritto, ma anche da altri apparentemente più letterari che, in ultima analisi, non fanno altro che rimandare a una situazione precisa.

Il punto fondamentale per chi intraprende il cammino è che ogni tappa sarà seguita – se ben percorsa – necessariamente e inderogabilmente da quella successiva. Si capisce allora perché per il sufismo questa iniziazione sia fondamentale. Se nella mistica cristiana, per quanto si descrivano i gradi, il credente può rischiare di non muoversi mai – perché tutto dipende in ultima analisi dalla Grazia –, per il sufi vige un certo automatismo. Solo pochi autori, come al-Niffarî (m. 976-977), mettono in dubbio questo procedimento:

> E mi disse: La scienza non guida alla gnosi, la gnosi non guida alla stasi, la stasi non guida a Me[3].

Il termine stasi (*waqfa*) – che tradurrei con quiete – traduce l'esperienza mistica non in maniera puramente teorica, ma dal punto di vista degli effetti prodotti. La stazione della quiete è fondamentale, perché è in questa fase che il

[3] *Esperienze mistiche nell'islam, III. al-Niffarī e al-Ġazālī*, p. 71.

mistico è purificato interamente da tutto ciò che non è divino. Il concetto di alterità da Dio (*siwâ*) riassume perfettamente quanto il sufi va cercando nella propria via. Il rifiuto di possedere, contemplare e fare esperienza di tutto ciò che non è Dio, o alterità da Dio, sembra un'idea che si ritrova costantemente nel linguaggio mistico dell'islam. Si tratta, infatti, di una modalità essenziale per praticare il dogma dell'islam: non c'è Dio all'infuori di Dio. Quindi tutto quel che non è Dio non è da adorare, né tanto meno da ricercare:

> E mi disse la *waqfa* è un fuoco per l'alterità (*siwā*); o tu la (=l'alterità, *siwā*) bruci con essa (=*waqfa*), o questa (=*waqfa*) ti brucerà con essa (=l'alterità, *siwā*)[4].

Non si può vivere con ciò che non è Dio stesso, esiste quindi un'alterità che non è foriera di perfezione interiore, ma di sicura degenerazione:

> E mi disse: Se stai in Me, l'Altro ti è proibito: non andare verso di esso, se no tu ti scioglierai da Me[5].

Sembra proprio il livello della contemplazione assoluta, dove lo spirito si libra in una visione muta della divinità, quella della quiete statica:

[4] *Ibidem*, p. 35.
[5] *Ibidem*, p. 67.

> E mi disse: La regola [o lo stato dominante] di colui che è nella stasi è il silenzio, quello dello gnostico è il parlare, quella del dotto è la sua scienza[6].

E ancora:

> E mi disse: La stasi è al di là di ciò che può essere detto, la gnosi è il limite massimo di ciò che può essere detto[7].

La tranquillità dell'animo e la quiete contemplativa sono situazioni spirituali nelle quali regna la pace silente. Dio dimora laddove il cuore lascia spazio all'accoglienza incondizionata del divino. Il silenzio è una condizione, ma anche un effetto, della ricerca della quiete perfetta.

Facendo un balzo da una stazione all'altra si incontra il livello del "dimorare", che non può non ricordare l'invito di Cristo fatto ai suoi discepoli perché stessero con lui. Si potrebbe anche immaginare che quella fosse la stazione dei discepoli di Cristo. In fondo, le strutture religiose fondamentali dell'uomo si ritrovano qua e là nelle diverse religioni e culture, e non è illegittimo comprendere l'una con l'ausilio dell'altra.

In una meditazione libera e aperta, certi testi potrebbero condurre a riflettere sul senso dello stare vicino a Dio, al Messia, al Signore, perché la vocazione dell'uomo è proprio quella, cioè di scoprirsi come il prossimo di Dio:

[6] *Ibidem*, p. 74.
[7] *Ibidem*.

> E mi disse: Quando ti dico sta'! (*qif*), sta' per Me non per te stesso, e non perché ti rivolga la parola, e non perché ti dia un ordine, e non per ascoltare qualcosa da Me, e non per ciò che tu conosci di Me, e non per ciò che tu non conosci di Me, e non per [sentire] «Egli mi fece sostare» (*awqafanī*), e non per [sentire] «O Mio servo» (*yā abdu*). Sta', non perché Io ti parli e non perché tu Mi parli, ma [perché] Io guardi a te e Tu guardi a Me. E non smettere [dallo stare] in tale stazione finché Io mi farò conoscere da te, e ti rivolgerò la parola, e ti dia ordini. E quando ti avrò parlato, e avrò conversato con te, piangi per Me, se desideri piangere, e se lo desideri, [piangi] la Mia perdita mediante il Mio discorso e la Mia conversazione[8].

La gratuità tra Dio e l'uomo fedele è iscritta nel cuore della relazione, e questo passaggio riecheggia la frase pronunciata da un contadino francese alla domanda del santo Curato d'Ars, incuriosito dal suo strano modo di pregare: «Nulla, signor parroco... io guardo Lui e Lui guarda me».

La quiete e il dimorare nella pace conducono a uno dei gradi più intensi ed elevati, quello della vicinanza con Dio:

> E mi disse: Non c'è cosa che sia più lontana da Me di un'altra, né c'è cosa che sia più vicina a Me di un'altra, se non tanto in quanto Io la stabilisco nella vicinanza o nella lontananza[9].

[8] *Ibidem*, pp. 131-132.
[9] *Ibidem*, p. 54.

E ancora:

> E mi disse: «La lontananza è conosciuta mediante la vicinanza, e la vicinanza è conosciuta mediante l'esperienza o percezione spirituale (*wuǧūd*): Io sono Colui che la vicinanza non cerca né l'esperienza spirituale può raggiungere»[10].

Se il sufi procede correttamente potrà raggiungere la meta agognata salendo tutti i gradini della scala celeste verso l'unità divina. Infatti, la descrizione di ogni stato mistico costituisce un tempo propizio per la riflessione, tanto per chi lo vive quanto per chi legge. Mi vado convincendo che quei testi sono scritti più per la meditazione che per scandire davvero un cammino. In che senso? Nel senso che quando si vive un'esperienza particolare la si sa riconoscere nei cento e più momenti spirituali di cui parlano i sufi, ma quando non si è vissuta, quello stesso testo a cosa può servire se non per nutrire la speranza del progresso? In questo cammino verso la meta agognata c'è anche un altro fatto impressionante. Questo cammino iniziatico, secondo l'insegnamento sufi, può essere diviso in cammino iniziatico verso Dio, in Dio, con Dio e da Dio. Che cosa significa? Semplicemente che il cammino deve condurre a Dio, ma lo si percorre in Dio stesso e grazie al suo aiuto. Una volta raggiunto Dio stesso e la sua unità, c'è un ritorno verso le creature da Dio stesso. Ogni volta che mi capita

[10] *Ibidem*.

tra le mani un testo che ricorda questi tipi di cammino, ripenso alle parole pronunciate dal sacerdote durante l'elevazione: «*Per ipsum, et cum ipso et in ipso*», «Per Cristo, con Cristo e in Cristo». Le particelle che suddividono questa frase sono fin troppo ricche di senso per non commentarle, per quanto rapidamente. *Per*, *con* e *in* indicano una modalità di essere, di vivere e di sperimentare le cose, soprattutto in senso divino e teologico. *Per* Dio, *con* Dio e *in* Dio... la vita e il cammino che conducono a Lui sembrano più facili, più attraenti e piacevoli. Ci sentiamo accompagnati, anzi ci sentiamo in qualche modo nella sua divinità. Forse che gli Atti degli Apostoli non ci ricordano questa verità? «In Lui viviamo, ci muoviamo ed esistiamo» (At 17,28).

Questo cammino fatto di tante tappe, di ostacoli e di realizzazioni conduce lo spirito umano, fin troppo umano, al suo annullamento, alla sua estinzione. È un cammino di purificazione. La storia del pappagallo e del mercante, raccontata dal grande Rûmî nel primo libro del *Mathnawî*, è una perla radiosa sufficiente a illustrare quanto si va dicendo:

> C'era un mercante che aveva un pappagallo; un bel pappagallo imprigionato in una gabbia. Il mercante si preparò per un viaggio: decise di andare in India. Generosamente disse a ogni schiavo maschio e a ogni serva: «Che cosa vuoi che ti porti? Orsù, dimmelo». Ognuno gli chiese ciò che più de-

siderava: il brav'uomo si impegnò con tutti. Poi disse al pappagallo: «Che regalo ti piacerebbe che ti portassi dal paese dell'India?». Il pappagallo rispose: «Quando laggiù vedrai i pappagalli, spiega loro la mia sventura e di' loro: "Il tal pappagallo, che ha nostalgia di voi, per desiderio del Cielo è nella mia prigione. Vi saluta, chiede giustizia, e desidera conoscere da voi un rimedio e un modo per essere ben guidato. E dice ancora: È bene che, avendo nostalgia di voi, io renda lo spirito e muoia nella separazione? È giusto che mi trovi in una crudele prigionia, mentre voi siete sui teneri arbusti o sugli alberi? È questa la fedeltà degli amici? Io in questa prigione e voi nel roseto?"» [...] Il mercante accettò quel messaggio e promise di portare il saluto del pappagallo ai suoi simili. Giunto ai limiti più estremi dell'India, scorse nella pianura un gruppo di pappagalli. Fermò il suo cammello, poi trasmise il saluto, adempiendo così al suo incarico. Ed ecco che uno dei pappagalli si mise a tremare violentemente, il suo respiro si fermò e cadde morto. Il mercante si rammaricò di aver dato quelle notizie, e disse: «Sono venuto a distruggere questa creatura. Certamente era un parente del mio pappagallino: erano stati probabilmente due corpi in un solo spirito. Perché ho fatto questo? Perché ho portato quel messaggio? Con una parola stupida ho distrutto questa povera creatura». [...] Il mercante concluse le sue faccende e tornò a casa col cuore lieto. Portò un dono a ogni schiavo, fece un regalo a ogni schiava. «Dov'è il mio regalo? – chiese il pappagallo. – Raccontami ciò che hai detto e che cosa hai visto». «No – egli rispose – veramente mi pento, torcendomi le mani e mordendomi le dita. Perché mai, per ignoranza e follia, ho portato un messaggio tanto stupido?» «Padrone – disse il pappagallo – di che cosa ti penti? Che cosa mai ti provoca collera o dolore?» «Ho riferito i tuoi lamenti – rispose – a un gruppo di pappagalli simili a te. Uno dei pappagalli capì il tuo dolore; gli spezzò il cuore, tremò e morì. Mi sono addolorato. Pensavo: "Perché ho detto ciò?" Ma a che serve pentirsi dopo aver parlato?» [...] Quando l'uccello udì ciò che quel pappagallo aveva fatto, tremò violentemente, cadde e rimase stecchito. Il mercante, vedendolo cadere così, diede un balzo e gettò in terra il suo berretto; si buttò per terra e si lacerò il vestito vedendolo in quello stato, in quella situazione. Gridava: «Oh bel pappagallo dalla voce soave! Che cosa ti è successo? Perché sei diventato così? Oh! Ahimè per il mio uccello dalla dolce voce! Oh! Ahimè per il mio amico intimo e mio confidente! Oh! Ahimè per il mio uccello melodioso, vino del mio spirito, mio giardino e mio dolce basilico!» [...] Il mercante, logorato dal dolore, dall'angoscia e dalla nostalgia, pronunciava centinaia di frasi, a volte in polemica con se stesso, a volte giustificandosi, a volte supplicando, a volte appassionato di verità, a volte di irrealtà [...] Dopo di ciò, lo buttò fuori dalla gabbia. Il pappagallino volò via fin su un alto ramo. Quel pappagallo morto prese il volo come quando il sole balza in avanti da oriente. Il mercante rimase stupefatto per ciò che l'uccello aveva fatto; senza capire, improvvisamente intuì i segreti dell'uccello. Alzò il volto e disse: «Oh, fammi la grazia di spiegare questo fatto. Che cosa ha fatto quel pappagallino, laggiù perché tu imparassi il modo di preparare questo cocente stratagemma per me?» Il pappagallo disse: «Con la sua azione, mi ha consigliato:

> Rinuncia al fascino della tua voce e al tuo affetto, poiché è stata la tua voce che ti ha condotto alla schiavitù. Essa ha fatto finta di essere morta per darmi questo consiglio intendendo: "Tu che sei divenuto un cantore per il fior fiore della società e per la gente comune, per ottenere la libertà, muori come faccio io". Così il pappagallo gli diede uno o due consigli pieni di saggezza, poi gli rivolse il saluto della separazione. Il mercante gli disse: «Va', che Dio ti protegga! Adesso mi hai mostrato una nuova Via», e disse a se stesso: «Questo consiglio è per me; seguirò la sua Via, poiché quella via è radiosa. La mia anima sarebbe forse inferiore a quella del pappagallo? Ogni anima deve seguire una Via così buona»[11].

Il racconto ha un gusto tutto particolare, e ci permette di capire senza troppi sforzi che cosa sia questo viaggio interiore. Il pappagallo impara grazie all'esempio concreto, all'azione, del suo compagno pappagallo d'India. È attraverso uno stratagemma che il pappagallo riesce a impossessarsi del segreto lontano, conservato in un altro Paese. Il viaggio del mercante non solo permette di liberare il pappagallo che è l'anima umana, ma anche di introdurre l'uomo in una nuova condizione spirituale. Rûmî, attraverso questo gustosissimo racconto, conduce il lettore a riflettere, a meditare sul viaggio che conduce l'anima – prigioniera delle sue proprie smodate passioni – alla libertà vera, quella a cui tutti sono chiamati, anche il mercante. Sono

[11] Jalâl al-Dîn Rûmî, *Mathnawi. Il poema del misticismo universale*, Milano: Bompiani, 2006, vol. 1, pp. 187-210.

solito utilizzare questa narrazione per spiegare e descrivere in cosa consista il cammino iniziatico. Senza troppi giri di parole tutto diventa chiaro.

Non tanto tempo fa mi sono ritrovato a spiegare a un gruppo di francescani provenienti da tutto il mondo che cosa fosse il sufismo, quali i suoi obiettivi e quali anche i suoi riti. Intervenivo alla sessione di formazione al dialogo interreligioso, che organizzano a Istanbul da dieci anni. Prima di me aveva parlato un derviscio, ma gli uditori avevano percepito poco, perché il sufi aveva usato un linguaggio un po' difficile. Avendo inteso che quel suo messaggio aveva fatto fatica a passare, ho iniziato con il racconto del pappagallo e del mercante... e per quanto astruso potessero sembrare il sufismo e il cammino iniziatico, tutto apparve più facile. La nostra vita è come in gabbia e solo l'esempio concreto dei nostri compagni di viaggio può farci avanzare sulla rotta del progresso e dell'approfondimento interiori.

V

POLVERE CELESTE

Incredibile, ma vero: il nulla costituisce il traguardo del derviscio.

La scala divina o la mistica ascensione, dove conducono il viandante, questo nomade dello spirito?

Non abbiamo certo potuto scoprire i segreti di ognuno dei gradini, molto numerosi a seconda degli scrittori, abbiamo solo gustato un poco il progredire nel cammino in compagnia di un ardente appassionato di Dio.

Ma fin dove ci si deve spingere?

Il sufi progredisce fino a una realtà ben precisa, il *fanâ'*, cioè l'estinzione, l'annullamento. Meglio dirlo subito senza tanti giri di parole: il sufi cerca e ricerca l'annullamento di tutte le sue passioni, soprattutto quelle estreme ed eccessive, che portano al peccato. Non solo, tutta la sua anima aspira all'annullamento in Dio. Che cosa significa? Forse a un cristiano può incutere un certo timore il fatto di pensare che il sufi voglia quasi disintegrarsi in Dio, nell'oceano della divinità. Eppure, se ben capita, la dottrina non fa nemmeno tanta paura.

Fanâ': la mèta è l'estinzione

Il *fanâ'* è lo stato di chi ha raggiunto l'unità perfetta con la Divinità, si è tuffato così completamente nel mare divino che, in un certo qual modo, ci si perde.

Un'immagine che mi ha sempre affascinato per comprendere questo stato è quella che dà il titolo a questo capitolo, presa a prestito da un romanzo, *La polvere del mondo* (*La poussière du monde*) di Jacques Lacarrière. In questo testo i sufi dell'Anatolia sono descritti come uomini il cui unico desiderio è tornare all'origine profonda, cioè alla polvere del mondo. Essendo essi polvere di fronte a Dio, desiderano prendere coscienza della discendenza divina da cui sono stati pensati. Ritornare alla polvere non è forse anche l'invito che un cristiano sente rivolgersi il mercoledì di apertura della Quaresima? «Ricordati che sei polvere e in polvere ritornerai»: il ministro impone le ceneri sulla fronte del fedele, che è invitato a pensare al ritorno a Dio, alla conversione e, soprattutto, a celebrarla nella propria vita.

L'uomo tornando alla polvere diventa umile, e umiltà significa essere vicino alla terra, all'*humus* di cui è costituito il pianeta. San Tommaso d'Aquino spiega mirabilmente la parola umiltà proprio a partire dalla parola *humus*. Noi siamo come la terra e, per essere fecondi e fecondati, dobbiamo ricevere ogni cosa dagli "altri": semi, acqua, vento... Insomma per essere uomini e donne che portano frutti spirituali dobbiamo lasciarci fecondare dall'altro. Senza l'altro, chiunque esso sia, la magia e il miracolo della trasformazione interiore non avviene. Lo dimentichiamo troppo spesso, oggi, tutti intrisi di una falsa idea di indipendenza. La paura di dipendere gli uni dagli altri ci spinge a un'onnipotenza davvero stupida, quando invece sappiamo bene che gli esseri umani interagiscono tra loro e con il Creatore. La simbologia della polvere e del nulla è in parte comune con il sufismo, ma non è assimilabile. Vi è anche una notevole differenza, poiché nel cristianesimo la morte è quello stato in cui l'anima lascia il corpo per tornare a Dio, aspirando alla riunificazione con il proprio corpo alla fine dei tempi. Nel caso dell'annullamento, dell'estinzione del sufi, questi aspira a diventare davvero "nulla divino", e sparire così nella massa degli altri granelli di polvere celeste. Questo insegnamento ha certamente posto alcuni problemi dottrinali, non solo all'islam, ma anche al sufismo. Capire che cosa significhi l'estinzione in Dio, il *fanâ'*, vuol dire carpire il senso recondito di tutto il cammino sufi.

Se il termine *fanâ'* significa annullamento in Dio, infatti, come è possibile mantenere la differenza assoluta tra Creatore e creatura, fondamentale principio dell'islam? La mistica musulmana ha dovuto quindi mettere a punto un ulteriore concetto, riflesso della realtà vissuta, quello del *baqâ'* o permanenza. Il sufi, una volta scomparso in Dio, permane nella divinità e, permanendo in Lui, continua la sua nuova esistenza ritornando al servizio delle creature. È come se il sufi volesse perdere tutto quello che ha guadagnato nella sua modesta vita, o come se volesse lasciarsi alle spalle tutto, proprio tutto, e rimanere soltanto in Dio. È talmente concentrato, orientato, tutto preso per unificarsi in Lui, che perde, in un certo modo, se stesso. Lo voglio ripetere una volta di più: questa idea potrebbe scuoterci non poco, sorprenderci e addirittura scandalizzarci. Per intuirne la logica ci vengono in aiuto le parole stesse di Gesù:

> In verità, in verità io vi dico: se il chicco di grano, caduto in terra, non muore, rimane solo; se invece muore, produce molto frutto. Chi ama la propria vita, la perde e chi odia la propria vita in questo mondo, la conserverà per la vita eterna (Gv 12,24-25).

Anche in questo caso il senso cristiano della "mortificazione" ci aiuta solo in parte a immaginare il senso dell'annullamento in Dio. I sufi vanno per mari e monti –

in senso simbolico s'intende! –, oltrepassano ostacoli e avanzano per tappe, nell'intenzione di raggiungere l'unità divina. Presto molta attenzione, qui, parlando di unità divina e non di unione divina, perché si gioca tutta la differenza, la diversità tra sufismo e mistica cristiana. L'unità divina significa in parte unione con Dio, ma il sufi è talmente assorbito nell'unità che è come se sparisse... c'è solo Lui, Dio, l'Unico. Dicevo già inizialmente che il sufismo è una delle modalità più vivide e pregnanti per realizzare l'islam? È proprio nella nozione di *fanâ'* che si consuma la professione di fede nel Dio Unico: «Non c'è Dio all'infuori di Dio», deve essere reinterpretato come: «Non c'è che Dio!»; e il sufi è semplice polvere che si disperde nell'universo divino.

Diciamo la verità: è affascinante questo modo di sentire e percepire la fede assoluta. Affascinante, ma ancora più attraente, per un cristiano, è l'idea dell'unione divina, del rapporto sponsale con Cristo stesso. Non dobbiamo e non possiamo però emettere giudizi, ma saper gustare dell'altrui approccio verso Dio.

Il "viaggio degli uccelli"

Per i sufi l'obiettivo è scoprire se stessi in Dio, e forse la maniera più piacevole per intenderlo è lasciare la parola al racconto di 'Attâr (m. 1221) che, nella sua opera *Il*

Verbo degli uccelli, riferisce del viaggio di trenta uccelli verso l'uccello mitico che si chiama, nella mitologia iranica, Simurgh. Questi è, in certo senso, Dio stesso, il desiderio finale per i trenta uccelli. Tutta l'opera di 'Attâr consiste nella descrizione del viaggio mistico o divina ascensione verso Simurgh, verso l'Unità divina. Il brano riportato qui di seguito offre il racconto dell'arrivo all'ultima stazione, quando i trenta uccelli raggiungono l'uccello mitico. L'incontro è meraviglioso, fantastico. Perché? Perché – e qui c'è tutto il sufismo in un affresco magnifico – i trenta uccelli scoprono di essere o di essere diventati essi stessi l'unico uccello mitico, Simurgh. In persiano *simurgh* significa "trenta uccelli" (*si* "trenta", *murgh* "uccello"). Tutto il viaggio ha condotto le trenta creature a scoprire che erano diventate l'Uccello mitico a cui anelavano:

> Le anime confuse e umiliate di quegli uccelli si annientarono compiutamente e i loro corpi arsero sino a ridursi a mucchietti di cenere. Non appena si furono spogliati di ogni terreno aspetto, vennero rivestiti della vivificante luce emanata da quella presenza, e in tal modo per loro iniziò un'esistenza radicalmente diversa. Un ignoto stupore rapì le loro menti e tutto quanto in passato avevano vissuto e non vissuto venne sradicato e rimosso dai loro animi. Finalmente il fulgido sole dell'intimità rifulse su di loro e i suoi raggi vennero riflessi dallo specchio delle loro anime. Nell'immagine del volto di Simurgh contemplarono il mondo e dal mondo videro

emergere il volto di Simurgh. Osservando più attentamente si accorsero che i trenta uccelli altri non erano che Simurgh, e che Simurgh era i trenta uccelli: infatti, volgendo nuovamente lo sguardo verso Simurgh, videro i trenta uccelli, e guardando ancora se stessi rividero lui. O meraviglia, questo era quello e quello era questo! Quando mai nel mondo si era assistito a un simile prodigio? Gli uccelli, sgomenti e confusi, rimasero un poco a pensare pur senza pensieri, ma non venendo a capo di nulla interrogarono senza parole quell'augusta presenza, implorando la spiegazione di questo assoluto mistero per cui il "noi" e il "tu" apparivano uniti.
E giunse senza parole la risposta di quella presenza: «Noi siamo uno specchio grande come il sole e chiunque in esso si guardi, vede l'immagine di se stesso, del corpo e dell'anima. Poiché voi qui arrivaste in trenta, nello specchio apparite trenta, ma se foste di più non temete di mostrarvi! Per quanto siate mutati, vedrete voi stessi, e in verità voi avete visto esattamente voi stessi. Chi mai potrà spingere il suo sguardo sino a Noi? Quando mai una formica potrà contemplare le Pleiadi o sollevare un'incudine, oppure una zanzara trascinare un elefante?
Quanto fin qui avete visto o conosciuto, in realtà non accadde, e quanto avete detto e udito non è che pura illusione. E neppure mai sono esistite le valli attraverso le quali faticosamente avanzaste o le stazioni ove virilmente poteste maturare. In realtà voi tutti avete marciato senza mai deviare dall'alveo della nostra azione e avete sostato nelle profonde valli delle nostre qualità. Voi siete trenta uccelli in preda allo stupore, ormai privi del cuore, dell'anima e della serenità,

ma Noi fummo prima che voi foste, giacché formiamo l'essenza di Simurgh. Annullatevi in Noi, nella gloria eterna, e in Noi troverete la porta di voi stessi».
E gli uccelli si annullarono eternamente in lui: l'ombra si dissolse nel sole, e così sia. Finché gli uccelli procedevano lungo la via, avanzava con loro il mio racconto. Ma ora che sono giunti alla meta e di loro non è rimasta una sola piuma necessariamente devo tacere. La guida e i viandanti sono svaniti nel nulla, trasformandosi nella via[1].

Il gioco di parole in persiano ha un impatto notevole e, se lo si vuole traslare, è un po' come se si dicesse Io-Dio, perché nella parola Dio è contenuto l'Io. In Dio, ritrovo il mio Io. Ora, i trenta uccelli sono lo stesso uccello mitico, Simurgh. L'idea della vita spirituale come di uno specchio nel quale ci vediamo e ci riconosciamo e scopriamo la nostra più nitida immagine, è stata utilizzata in molte tradizioni mistiche per esprimere una verità essenziale: conosci te stesso e conoscerai il tuo Signore. Forse che Dio non ha creato a Sua immagine e somiglianza l'essere umano, uomo e donna? Anche san Paolo ricorda che «ora vediamo come in uno specchio, in modo oscuro; ma allora vedremo faccia a faccia; ora conosco in parte; ma allora conoscerò pienamente, come anche sono stato perfettamente conosciuto» (1Cor 13,12). Chissà se possiamo accomunare l'idea della conoscenza come in uno specchio

[1] Farīd ad-Dīn 'Aṭṭār, *Il Verbo degli uccelli*, a cura di Carlo Saccone, Milano: SE, 1997, pp. 206-207.

a quella della perdita del sé, della propria identità per raggiungere l'unità divina, tanto cara ai sufi. A ogni modo, dopo la fine di quel racconto o meglio dell'esperienza dei trenta uccelli, 'Attâr aggiunge un altro racconto che si riferisce alla vicenda del grande al-Hallâj:

> Dopo che Ḥallāj venne arso dalle fiamme del rogo, un innamorato si fece largo tra la folla reggendosi a un bastone, e andò a sedersi nei pressi di quelle sacre ceneri. Quindi egli tenne un sermone, con parole così infuocate che quelle ceneri furono percorse da un brivido: «Sapete dirmi», esclamò, «dov'è colui che poco fa gridava: Io sono Dio?». O tu, sappi che quanto hai detto o udito, tutto ciò che hai visto o conosciuto, non è che l'inizio della tua spirituale vicenda: annienta te stesso, il tuo posto non è tra queste tracotanti macerie! All'origine ritorna, all'origine ch'è autosufficiente e inviolata! Che importa se ciò che è originato esiste ancora o più non esiste? Il sole è verità imperitura, l'atomo e l'ombra sono destinati a perire[2].

L'unico obiettivo del sufi è di essere talmente assorto in Dio e nella sua Unicità da perdersi, abbandonare il proprio bagaglio esistenziale e finalmente dimenticarsi in questo infinito mare senza riva. Annientarsi in Dio significa anche non arrestarsi a contemplare le macerie della propria vita, non compiacersi di quanto fatto o non fatto, e accettare di essere catapultati in Lui.

[2] *Ibidem*, p. 207.

C'è un aspetto psicologico che mi permette, anche personalmente, di non giudicare negativamente – a partire da una teologia cristiana della mistica – l'esperienza del sufismo. È certo che l'obiettivo sufi non ricalca in nulla quello del mistico cristiano, ma dice una verità profonda dell'essere umano. L'annientamento in Dio, l'estinzione in Lui insegna, soprattutto a livello psicologico, che tutte le difficoltà dell'uomo, tutte le angosce e le sue legittime aspirazioni hanno come centro unico Dio, la sua assoluta Unicità. Da un punto di vista prettamente psicologico, l'essere completamente assorbiti in Lui è una medicina straordinaria. Capisco anche perché tanti colleghi e amici si sentano attratti dal sufismo come medicina dell'anima. Io penso che non ci sia bisogno di diventare sufi o di abbracciare il sufismo per rendersi conto che la nostra vita o è centrata in Dio, o è completamente priva di un centro, con tutte le derive di sofferenza psicologica. Mi rendo pur conto che un messaggio così forte come quello trasmesso dalla saggezza dei mistici islamici può rappresentare un grande aiuto per tanti individui immersi nella frenesia delle attività.

La centesima pianura

Così descrive l'annientamento un altro grande sufi, Ansârî, nell'opera in cui racconta tutte le cento tappe che conducono a questo traguardo spirituale:

La novantanovesima pianura è quella dell'Auto-annientamento. Iddio, l'Altissimo, ha detto: «...e tutte le cose periscono, salvo il Suo Volto. A Lui spetta il Giudizio, e tutti a Lui sarete alfin ricondotti!» (*Cor.* 28,88).
L'Auto-annientamento significa [attingere] il Nulla, e questo "farsi nulla" consiste di tre cose [risolventisi] in altre tre: l'annullarsi del cercare nel Trovato; l'annullarsi del conoscere nel Riconosciuto; l'annullarsi del vedere nel Veduto. Ciò che "non è" cosa può trovare in ciò "ch'è eterno"? La Verità imperitura come può aderire a una legge peribile? Il Degno come può legarsi a ciò ch'è indegno?
Quanto è altro da Lui si trova in uno di questi tre stati: lo sparito, che appartiene allo ieri; lo smarrito, che appartiene all'oggi; il niente, che appartiene al domani.
In conclusione tutto è nulla, eccetto Lui, a meno che non persista in Lui; ergo, tutto l'Essere è Lui! La pioggia ch'è giunta al mare ha trovato il proprio compimento; la stella che nel giorno ha brillato ha trovato il proprio compimento; in sé ha trovato il proprio compimento colui ch'è giunto al suo Signore[3].

Le ultime immagini aiutano a capire più di quanto la trattazione in se stessa cerchi di far intendere: la pioggia che confluisce nel mare si perde in esso e, al tempo stesso, raggiunge il proprio termine naturale. A chi è capitato di essere in mare mentre piove questa esperienza può sembrare più familiare. La pioggia si confonde con l'acqua del

[3] Ansâri di Herat, *Le cento pianure dello Spirito*, a cura di Carlo Saccone, Padova: Messaggero, 2012, pp. 248-250.

mare, per quanto entrambe abbiamo una composizione specifica diversa. Così la creatura infinitamente diversa dal Creatore si fonde nell'Unità divina. La stella, se perviene a brillare e a risplendere durante il giorno, significa che la sua luce si è fusa e confusa con quella del sole. Siamo qui davvero al limite in cui si riesce appena a percepire la consistenza tra l'acqua della pioggia e quella del mare, tra la luce della stella e quella del sole... tra creatura e Dio.

Cosa rimane dopo l'annientamento? La permanenza in Dio. Ecco che Ansârî viene in soccorso, allora, nel descrivere la centesima pianura:

> La centesima pianura è quella della Permanenza [in Dio]: «Dio è migliore e più permanente» (*Cor*. 20,73). Dio e basta. Gli attaccamenti terreni? Tagliati. I beni mondani? Cancellati. I costumi umani? Annullati. I limiti? Vanificati. Il significato? Annichilito. La storia? Stravolta. L'allusione? Portata all'estremo. L'espressione? Rimossa. La notizia? Eliminata. E Dio, nella sua Unicità, è permanente di per se stesso[4].

Il moscerino e re Salomone

Anche il grande maestro Rûmî ci regala una storia piacevolissima grazie alla quale poter assaporare il gusto divino dell'essere in Lui:

[4] *Ibidem*, p. 250.

Un giorno il moscerino andò da re Salomone a chiedere giustizia. Il re gli concesse la parola, e lui disse: «Oh Salomone, tu dai ascolto a tutti, e non c'è nessuno a cui tu neghi la tua protezione: uomini e demoni, animali e *ginn*, tutti possono sperare nelle tue sagge parole. E allora, perché non rendi giustizia anche a noi, i più sventurati, i più deboli, a noi che siamo il simbolo stesso della fragilità? Tu, che sei salito fin sul gradino più alto della fama e del potere, mentre noi scendevamo fino al limite dell'impotenza e dell'errore, tendici la mano, liberaci da questo dolore, perché la tua mano è la mano stessa di Dio».

Disse allora Salomone: «Tu, che vai cercando giustizia, dimmi un po': chi è colui che ti opprime? Chi ti ha ferito il volto? È un caso raro, che in quest'epoca possa esistere un iniquo che non sia gettato in catene in fondo alla nostra prigione. L'ingiustizia è morta nel giorno stesso in cui sono nato io: e dunque dov'è questo iniquo di cui tu parli? Io ho incatenato i demoni che fomentano l'ingiustizia, e dunque come ha potuto manifestarsi nel mondo una qualsiasi violenza? La dignità reale mi fu data da Dio per evitare che i lamenti degli uomini si levassero verso il cielo, facendo tremare le stelle. Da quando fu stabilita la mia legge, nessuno piangendo, gridò più: Oh mio Signore! Non c'è più bisogno di rivolgersi al cielo, dal momento che ora governa nel mondo un re divino».

Il moscerino disse: «La causa del mio pianto è la potenza del Vento: è lui che ci opprime, e ci annega nel sangue e nel dolore».

Disse Salomone: «Tu che hai una voce così gentile, devi

ascoltare la volontà di Dio. Sappi, dunque, che quando Dio mi diede il potere della giustizia, mi comandò di non ascoltare mai in una causa uno solo dei due contendenti. Ebbene, io non posso sottrarmi a questo ordine, e perciò ti dico: vai dal Vento, e portalo qui da me».
Il moscerino, obbediente, diede ragione al re, e Salomone allora si mise a gridare: «Oh Vento, vieni qui, perché il moscerino si lamenta di te! Affronta il tuo avversario e rispondi alle sue querele».
Il Vento udì il richiamo e velocemente corse da Salomone, ma in quel momento il moscerino cercò di fuggire. Salomone gli disse: «Oh moscerino, dove credi di andare? Resta qui, perché vi devo giudicare».
Il moscerino disse: «Mio re, se lui arriva, io muoio. Se si avvicina, non avrò più la forza per respirare».

Comprendi l'esempio? Il moscerino è l'anima in cerca di Dio; quando Dio arriva, ella viene annientata. Il premio che le spetta è la permanenza eterna, ma il prezzo da pagare è l'estinzione. Le scintille cercano la Fonte della luce, ma quando la Fonte appare, le scintille scompaiono in lei. *Kullu shay'in hâlik illâ waghahu*, «Ogni cosa si annienta tranne il Suo Volto» [*Cor*. 28,88]. Davanti al Suo Volto svanisce ciò che esiste e ciò che non esiste. Gli spiriti si perdono alla Sua Presenza, e quando Lui arriva, la penna si spezza tra le dita di chi scrive[5].

[5] Rumi, *Ascolta la musica dell'anima*, a cura di Massimo Jevolella, Milano: Mondadori, 2008, pp. 26-27.

Mi verrebbe da commentare con il seguente aforisma: o fuori Dio, o fuori l'Io. Le due cose insieme non possono sussistere, e l'illusione umana è quella di credere che possano funzionare bene, e anche molto bene, insieme. Forse, sotto altri aspetti, la parola di Gesù: «Non si può servire due padroni», non torna utile per capire l'opzione fondamentale a cui è chiamato l'uomo?

Anche la seguente storiella, riportata nell'opera intitolata *Roseto*, redatta da Sa'dî, grande poeta mistico del XIII secolo, invita il lettore a tener desta la vigilanza spirituale:

> Un re vide un asceta e gli domandò: «Non ti ricordi mai di noi?» «Sì, – fu la risposta – quando mi dimentico di Dio».
> In ogni dove corre colui che Dio da sé allontana,
> ma colui che egli chiama non bussa alla porta di nessuno[6].

Qualche cautela: l'obbedienza a un maestro

L'idea dell'annientamento, per quanto fondamentale per il cammino sufi, potrebbe rivelarsi distruttiva. Sappiamo bene che anche la mortificazione nasconde un versante che può portare alla depressione. Sì, proprio alla depressione, intesa anche in senso psicologico. Infatti, tutti i discorsi che fin qui si van facendo, se letti in termini pretta-

[6] Sa'dî, *Il Roseto (Golestân)*, a cura di Cherubino Mario Guzzetti, Cinisello Balsamo: Edizioni Paoline, 1991, p. 111.

mente introspettivi, e se non bene intesi, possono anche sollevare veri e propri problemi psicologici.

Pensare al proprio annientamento non cela, in certo qual modo, un desiderio illegittimo? È per questa ragione e altre ancora che il sufi deve sempre essere diretto da un maestro nel proprio percorso. L'obbedienza al maestro, allo *shaykh* offre la garanzia di non gettarsi nell'oceano inopportunamente – non l'oceano di Dio, ma quello della vuota follia umana.

Il maestro, la guida spirituale, passo dopo passo conduce il novizio nelle tappe del progresso interiore fino a pervenire alla sommità dell'annientamento in Dio e della permanenza in Lui. Non si può desiderare la vetta senza essere accompagnato nei sentieri interiori da un saggio, da uno che ha assaporato e, a tratti, rifiutato l'esperienza che conduce alla luce e all'amore. 'Attâr, il cui nome è già un programma di vita, perché significa "droghiere" (a quel tempo il droghiere era un alchimista degli elementi materiali e... spirituali), nella sua opera *Il poema celeste* trasmette la risposta di un derviscio al quale avevano posto una domanda fondamentale, cioè cosa desiderasse dalla vita in questo mondo:

> Chiese qualcuno a un audace uomo della Corte: «Che cosa desideri a questo mondo?» Rispose: «Vorrei un diluvio che spazzasse via la gente di questo mondo. Vorrei che non rimanesse traccia dell'esistenza dell'umanità, che sparissero

terre, conventi e monaci. Presi come sono dal loro orgoglio, gli uomini sarebbero finalmente liberi dall'eresia e dal politeismo. Essi non nutrono mai il desiderio di Dio, perciò non meritano affatto questo mondo».
Gli dissero: «Se venisse un diluvio e il mondo cessasse di esistere per questa gente disorientata, la fine del popolo del mondo sarebbe certo anche la tua fine». E quello rispose: «Sì, se davvero arrivasse il diluvio, chiederò d'essere il primo a morire. Giunga questo diluvio, e sparirò prima degli altri».
Di nuovo gli dissero: «E allora va' e usa un'astuzia: getta il tuo corpo nel mare. Una volta libero dalla tua esistenza, il tuo sogno si avvererà». E l'uomo rispose: «Ogni atto compiuto da me sarebbe imperfetto come me. Provocare da soli la propria distruzione non è cosa lecita. La decisione sulla mia fine spetta solo all'Amico».
Ciò che viene dall'Amato è opportuno, è danno tutto ciò che viene dall'amante. L'Amato può venderti o no. Compiuta da Lui questa azione è un bene, compiuta da chiunque altro, non lo è. Se chi possiede il tuo cuore ti vende cento volte, la tua brama di possederlo aumenterà di attimo in attimo[7].

Il sufi oscilla quindi tra una ricerca che, necessariamente, condurrà all'unità divina e una ricerca fondata sulla gratuità dell'Amato, così come il racconto di 'Attâr suggerisce. Con quest'ultimo testo sembra di muoversi nella gra-

[7] Farīd al-Dīn 'Aṭṭār, *Il Poema celeste*, a cura di Maria Teresa Granata, Milano: Biblioteca Universale Rizzoli, 2002, p. 276.

tuità della mistica cristiana. Non si avanza, se non con la grazia di Dio. La sua decisione rimane sovrana.

In cammino verso la patria del nulla, il derviscio cerca di realizzare in sé un vuoto simile all'annientamento in questione. Sembrerà una follia umana eppure si tratta di un concetto e di una pratica corrente per gli uomini che aspirano alla pienezza. Il derviscio si esercita nel raggiungimento dell'estinzione, con la ricerca del nulla, del vuoto. Accanto al termine arabo *fanâ'*, ne esiste uno persiano, che passa poi all'ottomano e al turco moderno: si tratta dell'aggettivo e avverbio *hiç* (da leggersi *hitch*) che significa "nulla, niente, alcuno". Quando si entra in un convento sufi, si notano alle pareti delle calligrafie, alcune delle quali riportano questa parola. Perché? Proprio perché significativa del cammino del sufi, dell'ardore di pervenire al vuoto interiore al fine di essere riempiti esclusivamente di Dio. Anche nella mistica e nell'ascetica cristiana si ritrovano questa possibilità e questo esercizio. Il silenzio che ognuno deve ricercare è per poter ascoltare la Parola di Dio, per essere pieni di Lui. Così anche il sufismo aspira massimamente a questo nulla, a questo vuoto. Anche le maioliche ben decorate all'esterno delle moschee e dei conventi sono un invito a purificare la mente da immagini mondane, lasciarsi portare dallo spirito verso il Nulla divino.

Ho avuto la sensazione di capire in cosa consistessero tutta questa ricerca e il traguardo finale già in questa vita.

Un confratello mi aveva raccontato ciò che lui stesso, a sua volta, aveva sentito dire a riguardo dell'ayatollah Khomeini. Si tratta del momento del suo ritorno in Iran, dopo l'esilio, con la prospettiva di intraprendere la rivoluzione. In aereo alcuni giornalisti chiesero a Khomeini che cosa provasse dopo anni di esilio, adesso che una nuova fase della sua vita – forse la più importante – stava per iniziare. Che cosa provava, cosa sentiva questo uomo, che poteva anche vantare una formazione sufi? La sua risposta fu lapidaria: «*Hiç*», cioè «Nulla». Una lettura semplicistica di tale risposta potrebbe far dire che questa personalità non provasse sentimenti così comuni come la nostalgia o l'entusiasmo di tornare in patria. Una lettura più approfondita, al contrario, lascia intuire quanto quest'uomo fosse intriso di una cultura sufi, che gli aveva permesso di vivere tutto quell'esilio come un passaggio indolore, perché egli si era esercitato nel ricercare il nulla divino, che equivale alla professione assoluta di unità divina, prima di ogni altra realtà umana.

Solo un uomo esercitato a focalizzare tutte le proprie energie interiori, intellettuali e anche affettive nell'unico esistente, *alias* Dio, può sinceramente affermare di non provare nulla. Ma provando il "nulla", si prova Dio. Quindi la stessa risposta poteva far presagire una vicinanza con Dio, tipica degli imam sciiti. Giorno dopo giorno, il sufi costruisce quindi la sua vita sull'identità divina, si appoggia sull'unico esistente fino al punto di perdersi in Lui.

Vivendo in Turchia, ho avuto talvolta l'impressione di trovarmi di fronte a personalità che aspirano solo a Dio. In particolare, c'era un professore di università, specialista di storia del sufismo, taciturno anche durante i convegni. Si trattava di un silenzio ricolmo di Dio. Ho stampato nella mia memoria il suo ricordo come fosse un'icona. Mentre tutto il gruppo di convegnisti chiacchierava allegramente e un po' alla buona, lui meditava tanto profondamente quanto liberamente sul ciglio di un dirupo scosceso – quasi fosse una manifestazione del suo stato interiore. Un'immagine semplice, naturale, senza artifizi, di un uomo che vive di Dio, e che scompare di fronte alla Maestà gloriosa dell'Onnipotente. Non è così frequente trovare personalità intrise di divino, ma quando capita, si ha l'impressione di sperimentare la gratuità della Grazia e di toccare con mano la libertà del Suo Spirito:

> Il vento soffia dove vuole, e tu ne odi il rumore, ma non sai né da dove viene né dove va; così è di chiunque è nato dallo Spirito (Gv 3,8).

VI

EROS E AGAPE UNA STORIA DI INCONTRI

Nella mia memoria è rimasto scolpito indelebilmente un episodio accaduto nel corso delle mie ricerche. L'indomani degli attentati di Madrid, 11 marzo 2004, ho organizzato un convegno a Parigi riguardante le ricerche sul sufismo e in particolar modo sui dervisci danzanti, i *mevlevî*, la mia specialità nell'ambito della storia del sufismo. Fin qui nulla di straordinario: conferenze di questo genere sono sempre più numerose. La mattinata di studio sui dervisci era stata organizzata nel convento dei frati domenicani di Parigi, Le Saulchoir e, grazie a questa ubicazione, diversi erano i religiosi che ascoltavano i nostri interventi.

Quella su cui mi arrovello ancora oggi, è la domanda posta da un giovane religioso: quale era il senso di tutta quella spiritualità di Rûmî e dei dervisci? Che posto ha nella loro vita l'amore? Sono esseri che ricercano solo per sé una salvezza o meglio, una conquista spirituale? Se tanta spiritualità, tanti rituali, tanto entusiasmo mistico non portano alla carità, all'amore per l'altro, che senso ha questa religione rappresentata dal sufismo? Non è individualismo narcisistico? L'assemblea trattenne per un istante il fiato. Gli storici non avevano gli strumenti per rispondere, i teologi non conoscevano a sufficienza la materia per poter dare una risposta adeguata. Un giudizio morale aleggiava nella sala, e devo dire, piuttosto pesante: il sufismo e, sottointeso, l'islam non incarnano una religione dell'amore e della carità, come invece è per il cristianesimo; si tratta quindi di una religione che figura su un piano minore nella scala spirituale delle religioni mondiali. Sottointeso ulteriore: il cristianesimo è l'unica vera, perché l'amore e la carità sono le uniche realtà essenzialmente fondanti una religione. Io stesso, che conoscevo la materia e avevo studiato anche teologia prima che islam e sufismo, stavo cercando di mettere a fuoco una risposta. Percepivo a fior di pelle tutta la questione e la problematica che, solo in quel momento, per la prima volta, mi giungevano come un colpo in testa. Ma allora tutti questi studi sul sufismo che stavo intraprendendo? Non ha alcun senso studiare e aprirsi a un'altra tradizione spirituale, se poi questa stessa realtà ha minor senso e significato. Non mi sarebbe, allora, convenuto maggiormente studiare la mistica cristiana fondata sulla carità? Pochi secondi vissuti come in un ciclone a ciel sereno. In quel preciso istante, nella sala, si alzò un frate con il bianco abito dei domenicani. La sua barba lasciava presagire che fosse saggio. E lo era. Si trattava di Serge de Beaurecueil. Serge aveva trascorso quasi tutta la sua esistenza a studiare i testi di Ansârî, ma aveva anche dedicato buona parte dei suoi migliori anni a lavorare per gli orfani in Afghanistan, dove aveva creato una specie di orfanotrofio. Il suo appartamento – che fungeva da convento – era diventato un luogo di ospitalità prolungata di quelli che lui chiamava i suoi figli. Un uomo estremamente buono, saggio e sapiente, un fine teologo prendeva finalmente la parola. Alla domanda un po' provocatrice, suggestiva e pertinente, Serge rispose che non si può giudicare un altro percorso di vita interiore, solo perché le premesse non sono identiche. Bisogna semmai studiare e anche, se il caso, apprezzare e ispirarsi, ma mai giudicare in nome di una pretesa mancanza di un elemento che, invece, per la nostra fede è importante.

In quell'occasione, ho scoperto il giusto mezzo da tenere nello studiare scientificamente e criticamente la storia del sufismo, senza per altro giudicarla perché diversa dalla mia tradizione.

Eppure, la domanda di una sedicente assenza di amore per il prossimo e di carità nei testi, così come nella pratica, dei sufi rimaneva anche nel mio intelletto. In seguito, il discorso di papa Benedetto XVI all'Università di Regensburg il 12 settembre 2006 mi fece ripiombare nuovamente nella questione dell'islam come di una religione non fondata sull'amore. Ecco quanto riportava papa Benedetto XVI, del discorso di Manuele Paleologo:

> Nel settimo colloquio (διάλεξις – controversia) edito dal prof. Khoury, l'imperatore tocca il tema della *jihād*, della guerra santa. Sicuramente l'imperatore sapeva che nella sura 2,256 si legge: «Nessuna costrizione nelle cose di fede». È probabilmente una delle sure del periodo iniziale, dice una parte degli esperti, in cui Maometto stesso era ancora senza potere e minacciato. Ma, naturalmente, l'imperatore conosceva anche le disposizioni, sviluppate successivamente e fissate nel *Corano*, circa la guerra santa. Senza soffermarsi sui particolari, come la differenza di trattamento tra coloro che possiedono il "Libro" e gli "increduli", egli, in modo sorprendentemente brusco, brusco al punto da essere per noi inaccettabile, si rivolge al suo interlocutore semplicemente con la domanda centrale sul rapporto tra religione e violenza in genere, dicendo: «Mostrami pure ciò che Maometto ha portato di nuovo, e vi troverai soltanto delle cose cattive e disumane, come la sua direttiva di diffondere per mezzo della spada la fede che egli predicava»[1]. L'imperatore, dopo essersi pronunciato in modo così pesante, spiega poi minuzio-

[1] «Controversia VII 2c: Khoury, pp. 142-143; Förstel, vol. I, VII. Dialog 1.5, pp. 240-241. Questa citazione, nel mondo musulmano, è stata presa purtroppo come espressione della mia posizione personale, suscitando così una comprensibile indignazione. Spero che il lettore del mio testo possa capire immediatamente che questa frase non esprime la mia valutazione personale di fronte al *Corano*, verso il quale ho il rispetto che è dovuto al libro sacro di una grande religione. Citando il testo dell'imperatore Manuele II intendevo unicamente evidenziare il rapporto essenziale tra fede e ragione. In questo punto sono d'accordo con Manuele II, senza però far mia la sua

samente le ragioni per cui la diffusione della fede mediante la violenza è cosa irragionevole. La violenza è in contrasto con la natura di Dio e la natura dell'anima. «Dio non si compiace del sangue – egli dice –, non agire secondo ragione, 'σὺν λόγω', è contrario alla natura di Dio. La fede è frutto dell'anima, non del corpo. Chi quindi vuole condurre qualcuno alla fede ha bisogno della capacità di parlare bene e di ragionare correttamente, non invece della violenza e della minaccia... Per convincere un'anima ragionevole non è necessario disporre né del proprio braccio, né di strumenti per colpire né di qualunque altro mezzo con cui si possa minacciare una persona di morte»[2].

Come recita la nota 1, il papa non intendeva far suo il giudizio morale riguardante l'islam come religione della spada, ma, piuttosto, il rapporto relativo a fede e ragione. Ma il dibattito era stato aperto... Dal canto mio, mi tormentava un po' la questione, avendo optato per lasciarla in sospeso, per varie ragioni, alcune delle quali di convenienza. L'occasione di un ennesimo convegno su Rûmî mi offrì la possibilità di studiare in profondità la relazione tra sufismo e amore.

Devo confessare che se la dozzina di anni di studi alle mie spalle fossero serviti anche solo a mettere le mani e la

polemica». Il discorso e questa postilla sono rintracciabili nel sito ufficiale della Santa Sede: *www.vatican.va*.

[2] Controversia VII 3b-c: Khoury, pp. 144-145; Förstel vol. I, VII. Dialog 1.6 pp. 240-243. *Discorso del Santo Padre Benedetto XVI ai rappresentanti della scienza*, Università di Regensburg, 12 settembre 2006.

mente su questi testi, inizierei da capo. Fosse anche solo per convertirmi a una comprensione più lucida e più illuminata e illuminante – in questo tempo di terrorismo diffuso – rifarei tutto da capo. Per me, questa esperienza, è stata di grazia, ma non una grazia qualsiasi, proprio quella di Cristo e della mia fede.

Amore "erotico" per il divino

Prima di iniziare lo studio della religione dell'Amore secondo Rûmî – grande cantore dell'Amore – davo quasi per premessa scontata che l'islam fosse una religione violenta. Poi è emersa la domanda che quanto fin qui esposto non tratta direttamente di Amore, né di Dio, né per le creature. Studiando il sufismo si ha talvolta l'impressione che l'amore occupi un posto di minor rilievo nella dottrina e nella pratica. Avevo quindi una tesi a cui opporre un'antitesi per arrivare a una nuova sintesi. Rûmî, nella prefazione al secondo dei sei volumi del suo capolavoro, il *Mathnawî*, introduce il lettore nel vivo della questione:

> Nel nome di Dio, Misericordioso e Misericorde. Per ciò che attiene a questo secondo Libro, parte dei motivi del suo ritardo è chiara: se tutta la Sapienza Divina fosse resa nota al Suo servo, il servo per le provvidenze di quell'azione sarebbe lasciato senza la possibilità di compiere l'opera: l'infinita Sapienza di Dio

annullerebbe la sua comprensione ed egli non si impegnerebbe più in quell'azione. Perciò Dio l'Eccelso fa di una piccola parte della Sua infinita Sapienza un cavigliotto al naso di quello e lo guida verso l'azione; poiché se Egli non desse alcuna informazione riguardo a quei benefici, l'altro non agirebbe affatto, poiché la motivazione nasce dai vantaggi per gli esseri umani, e per questo dunque noi agiamo; mentre se Egli riversasse su di lui la sapienza di quella azione, quel tale sarebbe ancora incapace di agire. Proprio come un cammello: non va se non ha un cavigliotto al naso, e se il cavigliotto è troppo pesante se ne rimane accucciato. «Non v'è nulla di cui Noi non si abbia il deposito, e Noi facciamo scendere ciò in misura determinata» [*Cor.* 15a21]. Senza acqua, la terra non diventa un mattone, né diventa un mattone se vi è troppa acqua. Egli ha innalzato il cielo. Ha istituito la bilancia [cf. *Cor.* 55a7]. Egli dà ogni cosa con la bilancia, non senza calcolo ed equilibrio, salvo a quelli che sono stati tramutati dallo stato di creatura esistenziale, e sono quelli descritti in: Dio concede a chi Egli vuole, senza restrizione [cf. *Cor.* 2a212], benché chi non ha provato non sappia.
Uno ha chiesto: «Che cos'è l'amore?». Ho risposto: «Lo saprai quando sarai diventato me».
L'amore è un sentimento che non calcola. Per questo motivo si è detto che era realmente l'attributo di Dio, e irreale per quanto riguarda il Suo servo. *Yuhibbuhum* ["che Egli ama", cf. *Cor.* 5a54] è la somma totale. Chi è realmente il soggetto di *yuhibbûnahu* ["e che Lo ama". Cf. *Cor.* 5a54]?»[3]

[3] Jalâl al-Dîn Rûmî, *Mathnawi. Il poema del misticismo universale*, Milano: Bompiani, 2006, vol. 2, pp. 11-12.

Questo testo, per quanto contenga delle difficoltà di comprensione, riassume tutto il dibattito sufi. Senza tardare oltre occorre dire che in arabo e nella lingua dei sufi, due sono i termini più importanti che indicano l'amore: *'ishq* che è l'amore inteso come passione, l'eros, e *mahabba* che è l'amore di amicizia o *philia*. Vale la pena cercare di intuire i termini del problema. I sufi parlano di amore con una parola che significa l'eros, cioè la ricerca appassionata del divino. L'uomo da sempre aspira all'unione con il divino, è una ricerca passionale, appunto erotica. Lungo la storia umana, questo eros divino è stato realizzato anche in forme chiaramente sessuali, ma non è ciò di cui si parla qui. L'eros è l'amore per raggiungere qualcosa, è la passione che non dà pace finché non raggiunge il suo obiettivo, la sua aspirazione. È un amore appassionato che si muove perché ricerca naturalmente e spontaneamente il suo oggetto. Per un buon sufi, il vero amore è questo, in quanto segue il corso della passione umana, che cerca con tutte le proprie forze di raggiungere l'oggetto del suo amore. Questo è il motivo, secondo il linguaggio sufi, per cui si parla frequentemente di amore per Dio col termine *'ishq*.

Mahabba invece è l'amore di amicizia, che per i cristiani arabi diventerà il termine base per indicare la carità di Dio (*mahabba Allah*), l'Amore di Dio. Questo amore indica una debolezza, cioè il bisogno di avere degli amici: si ama un amico, perché se ne percepisce il bisogno. Questo bisogno non è, però, perfetto, né esprime l'affetto più elevato per una creatura. Applicare questo senso dell'amore a Dio, come fanno appunto i cristiani, è diminuire l'amore per Dio e di Dio. Si capisce perché i sufi preferiscano parlare di Amore appassionato piuttosto che di Amicizia per Dio. Se anche san Tommaso d'Aquino fonda la carità sull'amicizia con Dio, è impossibile pensare a una relazione amicale con Dio in una fede dove tra Lui e la creatura vi è una distanza infinita. L'amore passione, in un certo qual modo, tenta di colmare questo spazio infinito. Per far comprendere il sufismo ai cristiani, mi piace rimandare al primo paragrafo dell'enciclica *Deus Caritas est*, in cui Benedetto XVI afferma che un'aspirazione erotica verso la divinità è insita nel cuore dell'uomo.

Fin qui, nulla di sconcertante nel mio percorso alla scoperta dell'Amore sufi. Si potrebbe concludere assai semplicemente che per il sufismo l'Amore per Dio è erotico in quanto ricerca appassionata, e per i cristiani l'Amore di Dio è amicizia con Dio. Ma questa frase, solo apparentemente semplice, è invece sconvolgente in una prospettiva cristiana, perché nel sufismo – e quindi nell'islam – l'amore non conduce all'unione con Dio. Questo conferma quanto detto anche in precedenza: l'obiettivo del sufi non è l'amore, ma l'annientamento in Dio.

Quando Rûmî si domanda che cosa è l'amore, intendendo per amore la passione per Dio (*'ishq*), afferma contemporaneamente che l'amore non può essere misurato e quindi è illimitato, immenso, infinito. Inoltre, il mistico afferma che non si può capire l'amore senza provarlo, senza esercitarlo e praticarlo. Rûmî evoca suggestioni interessanti quando introduce i termini tratti dal *Corano*, che rinviano alla radice di *mahabba*.

Commentando il *Mathnawî*, Ismail Ankaravî (m. 1631), che mi ha aiutato a comprendere la complessità di questa dottrina, afferma che l'amore passione per Dio è un amore-amicizia senza limiti. E che l'amore è senza limiti perché in se stesso non ha proporzioni razionali. Lo sappiamo tutti: l'amore è cieco, fa di tutto, è intraprendente e, talvolta, azzardato. Ankaravî definisce la passione tipica dei sufi come un'amicizia senza limiti. È in questo senso che nel sufismo il vero amore è quello erotico e divino, mentre l'altro, quello di carità – come diremmo noi –, è più generico.

Ankaravî, seguendo il suo maestro Rûmî, arriva però ad affermare che l'amore è senza limiti, infinito, perché così è Dio, senza limiti, senza confini. Quindi l'amore è per essenza immenso, infinito. Chi dice senza limiti, senza misura (i testi persiani dicono proprio senza conto, senza misura, senza ragione), esprime il medesimo concetto di gratuità che è al fondamento della carità cristiana.

Questa scoperta è, per me, deflagrante. Tutte le mie teorie per dire che l'amore dei sufi per Dio non è assolutamente l'Amore di carità dei cristiani, rischiano di fare acqua... ma acqua viva che sgorga dal costato di Cristo.

Personalmente sono arrivato a questa conclusione, almeno teorica. Sufismo (e islam) e cristianesimo sono due religioni che si guardano allo specchio, nello specchio dell'amore. Chi si guarda, riflesso su una superficie lucida, vede se stesso, ma in una posizione necessariamente opposta. L'islam e il cristianesimo, in amore, si specchiano riconoscendosi come identici, ma opposti. Ne consegue tutta l'ambiguità, anche del rapporto di "dialogo" con l'islam. Si ha l'impressione di essere molto vicini, e anche sempre infinitamente lontani. Laddove noi cristiani parliamo di carità di Dio, i sufi parlano di eros divino sconfinato, infinito, e quando noi parliamo di una ricerca erotica del divino, essi intendono la limitatezza dell'amore di amicizia. C'è, però, a mio modo di vedere, un punto davvero comune: l'immensità della gratuità dell'amore, tanto di Dio, quanto dell'essere umano per Dio. Che si riconosca che l'amore non ha limiti umani, che non è sottomesso a una legge di mera contabilità meschina, incoraggia a ripensare l'amore come carattere inerente intimamente alla natura di Dio. Infatti, se né nei testi sufi, né tanto meno nei testi canonici dell'islam, si trova l'affermazione che Dio è Amore, si intuisce, però, che per alcuni sufi l'Amore è un attributo inerente alla natura divina. Allora se l'Amore è inerente a Dio, e Dio è infinito, l'Amore è infinito. L'amore umano che vuole conformarsi a quello divino, ma solo analogicamente, cerca di diventare infinito. Chi dice amore umano infinito dice anche divino... quindi un amore di grazia. Grazia è la carità infinita, gratuita. Mi spingo ancora più lontano: in termini di pura ipotesi spirituale, il sufi che tenta di vivere analogicamente l'immensità dell'Amore, a immagine dell'infinito amore di Dio, si avvicina al senso profondo della carità cristiana. Tutto ciò si può dire solo a livello di procedimento spirituale e teologico, perché è chiaro che nel sufismo Cristo non è il mediatore unico della salvezza. Il fatto però che dei sufi possano arrivare a dire che, per analogia, l'uomo può tentare di vivere dell'incommensurabilità della passione che conduce a Dio, lascia presagire e sperare che la carità di Dio sia il fondamento ultimo della realtà.

Ti amo di due amori...

In questo mio ragionamento ci sono tanti però e tanti ma, eppure mi piace formulare l'ipotesi che l'amore passione dei sufi (*'ishq*) sia una carità non informata da Cristo. In termini puramente dogmatici, questa affermazione è ardua, perché è come se dicessi che un uomo può vivere la carità di Cristo, senza Cristo stesso. Lo si può intendere e accogliere, però, a livello di metodologia spirituale. Colui che tenta di vivere in profondità l'amore incommensurabile gusta – anche solo indirettamente – la natura di Dio, infinito Amore. Forse sto parlando troppo e a sproposito, anche se nei testi dei sufi si ritrovano le tracce di quanto ho detto.

Si racconta che la grande mistica Râbi'a corresse un giorno per Baghdad con un tizzone ardente in una mano e una brocca d'acqua nell'altra. Ora la popolazione incuriosita la fermò in mezzo al mercato e le chiese spiegazione di questo fatto inedito e sorprendente. Ecco la risposta:

> Sto andando in cielo per gettare il fuoco in Paradiso e per versare l'acqua nell'Inferno, in modo che nessuno dei due rimanga. Allora sarà manifesto il mio scopo: che i fedeli guardino a Dio senza speranza né paura. Poiché, se non ci fosse la speranza del Paradiso o la paura dell'Inferno, forse che non adorerebbero Lui solo, il Reale, e non obbedirebbero ai suoi ordini?[4].

L'immagine di Râbi'a che corre come una forsennata attraverso la città con un tizzone e un secchio per incendiare il Paradiso e spegnere le fiamme dell'inferno, al fine di incitare i suoi contemporanei all'amore gratuito di Dio, è diventato poi, nella storia dell'Occidente cristiano, il prototipo della creatura che ama Dio di puro amore. Con Râbi'a, il termine *mahabba* acquista una valenza straordinaria, molto prossima al sentimento umano di amore e di amicizia, come significato in una sua famosa lirica:

> Ti amo di due amori,
> uno di passione, uno a Te dovuto.

[4] *Esperienze mistiche nell'islam, I. L'inizio di un cammino,* Testi significativi della mistica islamica tradotti e commentati da P. Giuseppe Scattolin, Bologna: Editrice Missionaria Italiana, 1994, p. 58-59.

Nell'amore di passione chiamo costantemente
il Tuo nome e nessun altro.
Nell'amore a Te dovuto Ti togli il velo e lasci ch'io Ti veda.
Non merito lode per nessuno di questi amori
Tu solo meriti lode per entrambi[5].

L'amore passione e l'amore di amicizia finiscono per confondersi in un unico inno per Dio e di Dio, che quasi non lascia spazio ad altra forma amorosa:

Si racconta che Rābi'a vide nel sonno il Profeta – su di lui la pace –. Egli la salutò, e le disse: «Rābi'a, mi ami tu?». Disse: «C'è forse chi non ti ama? Ma l'amore di Dio ha riempito tutto il mio cuore a tal punto che non c'è restato posto per amare e detestare nessun altro»[6].

L'amore per Dio è talmente incommensurabile e totalizzante che non lascia spazio per fissare la propria attenzione sulle altre creature. Qui siamo proprio al punto centrale dell'esperienza sufi: così come non vi è essere al di fuori di Dio, così non vi è altro Amore che quello per Dio e di Dio. L'amore di Dio è onnipresente e pervadente come il Suo Essere Unico:

«Mio Dio, le stelle splendono, gli occhi dormono, i re chiudono le loro porte e ogni amato resta solo con il proprio ama-

[5] *Ti amo di due amori. Le più belle poesie della tradizione araba, persiana, turca ed ebraica scelte e introdotte da Bernard Lewis*, trad. di Anna Linda Callow, Mario Casari, Roberta Denaro, Roma: Donzelli, 2001, p. 18.
[6] Caterina Greppi, *Rābi'a. La mistica*, Milano: Jaca Book, 2003, p. 61.

to: così io sto davanti a te». Poi, al momento dell'aurora, quando sorgeva l'alba, diceva: «Mio Dio, la notte se ne è andata e il giorno splende. Oh, se io sapessi che hai accettato la mia notte, sarei nella gioia; invece se sapessi che Tu l'hai rifiutata, mi rassegnerei. Per la tua potenza, se tu mi allontanassi dalla tua porta, io non me ne allontanerei, perché nel mio cuore c'è amore per Te»[7].

Esiste una grammatica dell'amore divino grazie alle preposizioni. Il sufismo distingue con cura, infatti, tra Amore per Dio e Amore di Dio. L'Amore, secondo il sufi, è un attributo di Dio, una sua manifestazione, ma non è questa la realtà più caratterizzante. L'amore, che sia passione o amicizia, è un movimento interiore per e verso Dio, vivendo solo analogicamente l'Amore di Dio.

Volendo riassumere si potrebbe dire che il sufi, aspirando a vivere un amore per Dio, in quanto analogicamente infinito, sfiora la Grazia gratuita di Dio, ma non attinge direttamente all'Amore. L'amore è *per* Dio. Il cristiano, invece, si immerge nell'amore *che è* Dio. L'amore di cui vive il sufi è una forza irresistibile divina, incommensurabile, ma non direttamente Dio stesso. Questo fa sì che l'amore passione, l'*'ishq*, sia talvolta una forza che può indirizzarsi ad altro, proprio perché irresistibile. E qui viene il rapporto con le creature. Il movimento interiore per cui la creatura ama Dio è quello stesso per cui ama, per esempio,

[7] *Ibidem*.

l'amato o l'amata, lo sposo o la sposa. Proprio per questa ragione l'amore acquista talvolta una sfumatura ambigua. Si parla di Dio o della creatura umana amata? Qui sta la genialità del pensiero mistico del sufismo. Questo eros, tanto che sia indirizzato a Dio, o a una creatura, rimane "divino", perché incommensurabile; allorché, per un cristiano, la carità è entrare direttamente in Dio Amore.

Ambiguità del linguaggio amoroso

In persiano e in turco, poi, l'espressione si complica: né nell'una né nell'altra lingua, infatti, esistono genere femminile o maschile, per cui diventa davvero difficile individuare se l'amore sia per Dio o per una creatura, dando luogo alle più svariate ambiguità, come nel caso dei versi trasgressivi di 'Obeyd-e Zakani (m. 1371):

O Signore, ho una speranza della tua grazia:
Che mantenga prospero il regno del mio piacere,
Da me deviando iattura d'ascetismo,
Destino di pentimento tenendo alla larga[8].

Ma senza arrivare a tali estremi, nemmeno poi tanto impliciti, i grandi mistici si sono deliziati nel lasciare una

[8] *Ti amo di due amori. Le più belle poesie della tradizione araba, persiana, turca ed ebraica scelte e introdotte da Bernard Lewis*, p. 93.

certa ambiguità perfettamente conforme alla natura dell'amore. L'amore veramente orientato è passione in sé divina, perché attrazione naturalmente teologica. Anche quando Majnûn, il folle d'amore dell'epopea orientale, cerca Layla, l'amata, sperimenta una pazzia che nasconde in sé qualcosa di divino. Non c'è quindi da sorprendersi che l'amore tra Rûmî e il suo grande compagno Shams sia stato descritto da più d'un ricercatore come di natura omosessuale, perché la passione nata tra i due era divina.

Forse bisogna essere sufi per intendere, comprendere e apprezzare tutto questo, ma frequentandoli si percepisce sia la vicinanza del loro tema con quello della carità, sia la differenza, sia, infine, la bellezza di questa differenza.

Io l'ho intuita grazie alla loro frequentazione, e sono riuscito a capirla – almeno spero – grazie a un amico protestante, John, che vive a sua volta a Istanbul. Un giorno ci ritroviamo per parlare della fede cristiana, di carità e di tante altre cose. Anche John conosce i sufi, e mi pone le stesse domande che tanti mi pongono: ma anche loro "amano"? Io mi metto a spiegargli quel che ho compreso, quel che ho studiato... e lui, in un battibaleno mi sintetizza tutto in poche parole: «*They love what they know*». Essi amano quel che conoscono. Sembra una banalità, ma non lo è. L'oggetto d'amore, l'Amato, è amato perché conosciuto. Ma siccome Dio rimane, per loro, nascosto ed è misterioso nella sua natura intima, non rimane che sentire il flusso vitale che scorre come un riflesso di quello divino. Sentire che si ama, che si sta amando è la rotta del cuore. Io oserei dire che quando il cuore del sufi sente l'amore, un amore naturale, cosmico o anche divino è intimamente trasformato e ha raggiunto il suo scopo. Il canto della falena e della candela trasmesso da Sa'dî è una straordinaria illustrazione di questo rapporto:

Ricordo una notte, con gli occhi in veglia,
Udii una falena che apostrofò la candela:
«Io sono in amore, è giusto se brucio,
Perché dunque tu piangi e ti affliggi?»
Rispose: «Povera mia innamorata,
Partito è il miele, il mio dolce amico,
E poiché via da me se n'è andato il dolce,
Son come Farhad, e un fuoco mi arde».
Così si diceva, e a ogni istante, un flusso dolente
Colava sulla sua pallida guancia.
«O impostore, non è affar tuo l'amore!
Non hai pazienza, né forza perseverante.
Tu fuggi di fronte a una cruda fiamma,
Io son rimasta finché tutta bruciata.
Se ti scotta l'ala il fuoco d'amore,
Guarda me, che brucio da capo a piedi!
Non guardare il mio lucore, che illumina riunioni,
Guarda il deliquio, e il mio flusso ardente».
Appena trascorsa una parte della notte,
D'improvviso l'estinse un volto fatato,
E disse, mentre saliva il fumo:

«Questa, ragazzo, è la fine d'amore,
Se sei amante lo imparerai,
Che nell'estinzione, dal fuoco bruciante trovi salvezza»[9].

Tutto conduce all'estinzione, anche l'amore. Sembra il destino del sufi, non solo essere immerso nell'oceano dell'Unità divina, ma sparire nel fuoco dell'amore che proviene da Dio. La prospettiva è affascinante e forse muove anche a noi i cuori a orientare il nostro sguardo interiore verso il Volto di Dio.

La "stazione" dell'amore

Ma dopo queste scoperte, avevo ancora un dubbio. L'amore, che stazione occupa, se è una realtà al tempo stesso così importante e relativa nel percorso mistico? Pensavo ancora che l'amore fosse divino esistenzialmente, ma non davvero l'ultimo obiettivo. Ho dovuto ricredermi leggendo alcuni autori. Il nostro amico Ansârî – udite udite! – dopo la centesima tappa rappresentata dalla permanenza, presenta proprio la pianura dell'amore!

La centunesima pianura è quella dell'Amore. «Egli li amerà ed essi ameranno Lui» (Cor. 5,54). «Di': se veramente ama-

[9] *Ibidem*, pp. 88-89.

te Dio [seguite me, e Dio v'amerà e vi perdonerà]» (Cor. 3,31).
Ora l'Amore ha tre gradi: il primo, la Veridicità; il secondo, l'Ebbrezza; il terzo, il Nulla. *E la benedizione e la pace di Dio discendano abbondanti sulle migliori delle Sue creature, il profeta Muhammad e la sua santa famiglia*[10].

L'amore trasforma l'essere in un ulteriore cammino di verità, di ebbrezza e di pienezza. Ahmad al-Ghazâlî (m. 1126), fratello del grande teologo e autore che segna lo sviluppo del sufismo, in un trattato sull'amore arriva alle stesse conclusioni, commentando quel versetto del *Corano*:

Quando l'amore è reale, esso è il fondamento della santità sull'assoluta purezza e limpidezza. Esso allora è libero da accidenti e difetti e puro da qualsiasi mondano destino, giacché il suo principio è nella promessa divina: «Egli li amerà!» (*Cor*. 5,54), e naturalmente in ciò non v'è possibilità alcuna di difetto o destino. Se infatti da qualche parte ci fosse traccia di difetto o destino, sarebbe comunque esterna alla cosa, ovvero accidentale, estranea e transeunte[11].

Poiché l'amore è attributo precipuo di Dio, non può ammettere difetti; se li ammette, non è vero amore. Il sufi è chiamato a far venire fuori la perfezione di questo amo-

[10] Ansâri di Herat, *Le cento pianure dello Spirito*, a cura di Carlo Saccone, Padova: Messaggero, 2012, pp. 251-252.
[11] Ahmad Ghazâlî, *Delle occasioni amorose (Savâneh ol-'Oshshâq)*, a cura di Carlo Saccone, Roma: Carocci, 2007, p. 179.

re reale, quello divino, con il percorso di purificazione, che lo immergerà nella divinità, senza paura di perdersi.

Il teologo protestante Nygren, dalla cui opera fondamentale, *Eros e Agape*, ho tratto l'ispirazione per il titolo del presente capitolo, lo avrebbe certamente corretto in Eros e *Philia*, Eros e Amicizia. L'agape cristiana aggiunge il rapporto tra Dio e i fratelli, mediato appunto dalla carità divina. Nel sufismo l'eros è principale, essenziale perché indica la passione che circola in tutta la creazione, e l'amicizia è l'aspirazione a quella pienezza. Il rapporto con i fratelli paradossalmente non esiste, perché riassunto nella ricerca dell'unità amorosa con Dio. Più il sufi si purifica, più si avvicina a Lui, e più si estingue in lui, come la falena nella candela, e come questa ultima storia ci racconta:

> I cinesi si vantavano così: «Noi siamo gli artisti migliori». E i bizantini replicavano: «Non è vero. Siamo noi i possessori dell'arte perfetta». Il litigio andava avanti da tempo, e fu così che un giorno il sultano decise di mettere alla prova le due scuole, per vedere quale fosse effettivamente la migliore. Cinesi e bizantini si misero a discutere di quell'idea, e alla fine i cinesi avanzarono una proposta: «Lasciateci decorare una sala, e date ai nostri avversari un'altra sala, identica e situata di fronte alla nostra». Ora, il caso volle che nel palazzo del sultano vi fossero proprio due sale perfettamente disposte in quel modo: una fu data ai cinesi, l'altra ai bizantini, e la sfida poté cominciare.
>
> I cinesi avevano bisogno di cento colori, e li chiesero al sul-

tano: erano tinte molto preziose, e fu necessario attingere al tesoro della corona per poterle acquistare. Ogni mattina i cinesi ricevevano la quantità desiderata di tutti quei colori. I bizantini invece dissero: «Noi non abbiamo bisogno di alcun colore. Ci limiteremo a ripulire le pareti, a togliere dalle superfici ogni ruggine e ogni impurità». Chiusero la porta della sala e si dedicarono a quell'opera di pulizia, fino a quando le pareti non divennero chiare e limpide come il cielo. Devi sapere infatti che nell'arte di colorare esiste anche una tecnica che si può dire della "assenza di colore". Potremmo paragonare i colori alle nuvole, e la loro assenza alla luce delle stelle, del sole e della luna; tu vedi le nuvole, ma non rifletti sul fatto che le puoi vedere solo grazie alla luce degli astri!
Ed ecco che i cinesi completarono il loro lavoro. Ne furono talmente felici e soddisfatti, che festeggiarono l'evento al suono dei tamburi. Il re entrò nella sala, ammirò le pitture e ne rimase estasiato. Poi andò a vedere l'opera dei bizantini, e il suo rapimento fu ancora più grande: grazie alla purezza raggiunta dalle pareti, le meraviglie dipinte dai cinesi si riflettevano infatti in quella sala con uno splendore che superava quello delle pitture originali.
Comprendi l'esempio? I bizantini sono i sufi: essi non si affidano ai libri e all'erudizione. La loro via consiste nella purificazione del cuore. Dal cuore essi cancellano la ruggine delle passioni, dell'avidità e dell'odio. Purificato, il cuore diventa allora un limpido specchio, in cui si riflettono le infinite forme e gli infiniti colori. In questo specchio, ogni immagine risplende eternamente, e vi appare senza alcuna perfezione. Coloro che hanno purificato il loro cuore non hanno

più bisogno dei profumi e dei colori, perché in ogni momento vivono nella contemplazione della Bellezza. Abbandonato il pensiero, hanno ottenuto l'illuminazione. Si sono immersi nell'oceano della conoscenza spirituale. E non hanno alcun timore della morte[12].

E se sufismo e cristianesimo si guardassero allo specchio dell'Amore?

[12] Rûmî, *Ascolta la musica dell'anima*, pp. 70-71.

VII

IL SEGRETO

L'amore è intimità, anche fisica, potente rimedio alla tristezza umana, obiettivo ultimo del sufi che spera di estinguersi in esso. L'amore è anche un segreto, così come Dio. Tra le mie scoperte fatte in questi anni di confronto vi è quella del "segreto" come caratteristica centrale del sufismo.

Parlare della mistica musulmana focalizzandosi sulla potenza simbolica e suggestiva dell'idea di segreto significa andare al cuore dell'esoterismo islamico. Nel segreto, i sufi uniscono la dottrina mistica con una pratica esoterica. Che cosa significa? Il sufismo considerato come mistica musulmana conduce a ricercare l'annientamento in Dio, il fuoco d'amore di Dio e in Dio, a entrare in uno spazio, in un mondo altro.

Che cosa è il "segreto"? Ricordo di averlo capito in profondità conversando lungamente con uno specialista di mistica musulmana e fine analista della storia delle società segrete in Europa. Una società segreta fonda tutto il suo fascino sul "segreto", appunto, sulla sua condivisione tra adepti; ma, in fondo, di cosa si tratti nessuno lo sa. Non esiste un "contenuto del segreto"; la materia consiste nel fatto di aver coscienza che esista un arcano. Che cosa esso poi sia non è importante: quel che è fondamentale è la sua esistenza immaginata.

Forse un esempio a partire dall'amicizia può aiutarci a capire. Se con un amico si decide di avere un segreto in comune, questo inizia a esistere, anche se non abbiamo ancora deciso l'argomento. I nostri conoscenti, se alludiamo al nostro segreto, non riusciranno a sapere che cosa sia – anche perché forse neppure esiste –, ma sapranno "che abbiamo un segreto". Il "segreto del segreto" consiste semplicemente nel fatto di "aver deciso che c'è un segreto". Ma attenzione! Questa semplice operazione umana e sociale apre alla solidarietà, alle amicizie, a complicità estremamente forti, efficaci e reali.

Misteri e segreti

Il segreto sufi è a immagine di questo. Dietro tutto si cela Dio stesso, ma Dio è irraggiungibile se non attraverso il *Corano*. Il Dio del sufismo non si è dipanato nella storia attraverso i misteri, ma resta un Dio – appunto – segreto. Dio, nell'islam, non si autorivela così come nel cristianesimo, ma propone la sua natura di Unità assoluta. I "novantanove nomi di Allah" lo caratterizzano in maniera molteplice, con aggettivi che ne esprimono aspetti parziali, senza però attingere la sua Essenza. Il Dio dell'islam è Dio unico, misericordioso, onnipotente, generoso... ma come si configuri al suo interno, sfugge all'intelligenza umana. Il Dio della fede cristiana è Padre, Figlio e Spirito Santo, rivela una vita e una vitalità interna e, come se non bastasse, la seconda persona di questa Trinità ha assunto la natura umana. Nella natura umana, il Verbo ha vissuto in mezzo agli uomini, ha avuto una storia fino ad arrivare alla morte in croce. Si tratta di una storia che si svolge, che si racconta e che possiamo contemplare.

Non sono stato abbastanza chiaro? Prendiamo il caso della corona di grani musulmana (*tesbih* o *subha*) e cattolica (rosario). Quel che si fa con la corona in mano è cifra e riassunto di tutta la differenza – ma anche del genio – delle due religioni. Un cattolico, mentre sgrana il rosario, medita i misteri di Dio così come essi si sono disposti e rivelati nella storia. Applica, insomma, la propria intelligenza a contemplare un Dio che si autorivela. Più si sgrana il rosario e più si penetra nei misteri di Dio – Padre, Figlio e Spirito Santo –, attraverso il Figlio Gesù che li ha rivelati al mondo. La fede cristiana è una contemplazione di misteri. In questo senso il cristianesimo antico poteva subire la tentazione di essere definito come una religione misterica, e avvicinarsi al paganesimo fondato sul culto iniziatico. I pagani avevano anche un altro concetto di mistero, tradotto poi in latino con il termine "sacramento". La parola rimaneva ambigua.

Il mistero non è un rito misterioso, ma un avvenimento inspiegabile con la pura ragione umana; il mistero dimora tale anche se rivelato. L'intelligenza lo conosce, ma esso rimane inspiegabile razionalmente, se non con l'intervento della fede e della grazia.

Il segreto rimane invece nell'ordine dell'indicibile e dello sconosciuto, ed è sempre qualcosa di inattingibile. Con la corona musulmana, il devoto sgrana gli attributi di Dio, che mettono in luce aspetti parziali della sua Identità senza dirne l'Essenza. I sufi vivono di questo Dio che sfugge continuamente alla definizione, alla "descrizione", alla conoscenza umana. Lo si percepisce come misericordioso e attraverso altri aggettivi ma, in fondo, il desiderio di conoscerlo dal di dentro di Lui è impossibile, come per il moscerino o la falena del racconto. Il segreto è per i sufi al tempo stesso Dio, e la condivisione con i propri fratelli di avere un pensiero occulto. Da qui nasce anche l'interpretazione simbolica del *Corano*, un'ermeneutica più interiore, vera perché più vicina al segreto celato alla maggior parte degli uomini e dei fedeli.

I sufi stessi spiegano meglio queste realtà e queste verità con una parabola dai toni di saggezza ispirata. Il seguente racconto esiste anche nella versione buddhista:

> L'elefante era in una casa buia: degli indiani l'avevano portato per esporlo. Volendolo vedere, molte persone entrarono, una dopo l'altra, nell'oscurità.
> Visto che con gli occhi era impossibile, ciascuno, nell'oscurità, lo palpava col palmo della mano. La mano di uno si posò sulla proboscide e quello disse: «Questa creatura è come un tubo per l'acqua». La mano di un altro toccò l'orecchio, che gli parve simile a un ventaglio. Un altro, avendo preso una gamba, dichiarò: «Trovo che la forma di un elefante è come quella di un pilastro». Un altro posò la mano sulla schiena e disse: «In verità, l'elefante è come un trono». Del pari, ogni volta che qualcuno sentiva la descrizione dell'elefante, la capiva in base alla parte che era stata toccata. Secondo la parte toccata le affermazioni differivano: uno lo chiamava *dâl*, un altro *âlif.* Se ognuno di essi avesse avuto una candela in mano, la differenza tra le loro descrizioni sarebbe sparita[1].

La realtà è mutevole e anche difficile, se non impossibile, da carpire; così, voler intuire Dio resta un'opera umanamente impossibile. Questo segreto può manifestarsi dappertutto in ogni elemento del creato. Qui sta tutto il paradosso di ricerca e di fuga dalla verità divina. 'Attâr offre numerosi spunti di riflessione a questo riguardo, come in-

[1] Jalâl Ad Dîn Rûmî, *Mathnawi. Il poema del misticismo universale*, vol. III, p. 115.

dica nella storia seguente che si riferisce al rapporto amoroso tra Majnûn e Layla, di cui abbiamo già parlato:

> Majnun, che col trascorrere del tempo era sempre più sconvolto, un giorno mentre si trovava nel quartiere di Laylā si mise a baciare tutto quello che vedeva: una volta era una porta, una volta un muro, poi si mise a correre lungo la strada, e gridava e gettava terra da tutte le parti. Il giorno dopo qualcuno gli disse: «Perché hai fatto tutto quel baccano ieri? Non sei passato oltre un muro o una porta senza fermarti ad abbracciarli. Eppure nessuna porta ti aiuterà, e neppure nessun muro!» Majnun, in risposta, citò un solenne giuramento e disse: «Da quando risiedo nel suo quartiere, sulle porte e sui muri non ho visto altro che il suo volto. Se bacio una porta, è Laylā; se mi cospargo il capo di terra, è Laylā. Poiché tutto nel suo quartiere è Laylā, l'intero quartiere non è altro che Laylā per me».
>
> A ogni istante ti occorrono cento occhi e a ogni tuo occhio occorrono cento sguardi: se guardi con ognuno di essi avrai cento visioni di Dio! Il cuore che sia capace per un attimo di questo sguardo non smette più di contemplare e, se invece di uno sguardo ce ne fossero mille, questi mille occhi annegherebbero nella contemplazione[2].

Il fascino del cammino sufi è nascosto in questa relazione paradossale tra ricerca dell'Amato e della sua inaf-

[2] Faroddin 'Attār, *Il libro del cammino (Mosibat-Nāma)*, a cura di Savina Zanardo, Milano: Ariele, 2010, p. 57.

ferrabilità. L'ignoto è tale pur potendolo cogliere nella manifestazione del mondo. L'universo intero può diventare, infatti, una manifestazione cosmica del segreto più intimo. Rûmî così lo sintetizza:

> Ma è così che agisce il Favore divino. L'uomo va in cerca e, quando non trova, si volta indietro e dice: «Questo desiderio e questo beneficio valgono la fatica della ricerca. Forse sono io a non aver cercato a fondo. Devo cercare ancora». E di nuovo si mette a cercare, ancora senza trovare, e questo dura fin quando la Misericordia non mostra il suo viso senza alcun velo: lì comprende che la via non era quella che aveva scelto[3].

Il velo e il segreto

Il tema del velo dietro il quale si cela l'anima di ogni essere è senza alcun dubbio di capitale importanza. Tutta l'attività interiore del sufi consiste nel rimuovere questi veli, per raggiungere l'arcano. Rûmî dedica buona parte delle sue energie ad analizzare la relazione tra velo e segreto; in uno dei suoi discorsi tratta diffusamente della questione, in prosa teologica. Non è fuori luogo ricordare che una studiosa francese, Eva de Vitray-Meyerovitch, si

[3] Jalâl Ad Dîn Rûmî, *L'essenza del reale, Fîhi-mâ-fîhi (C'è quel che c'è)*, trad. di Sergio Foti, Torino: Psiche, 1995, p. 46.

sia "convertita" al sufismo leggendo proprio i discorsi di Rûmî. La vicenda di Eva mi ricorda da vicino quella di una grandissima donna del XX secolo, Edith Stein, che prese la decisione di convertirsi al cristianesimo dopo la lettura ininterrotta nello spazio di una nottata della *Vita* di santa Teresa d'Ávila. La lettura, quando veramente intensa, può scombussolare una vita e orientarla. Credo nel valore della lettura e in special modo della lettura spirituale, cioè non di un *divertissement*, un passatempo, ma di un impegno, di un'esperienza. La letteratura di svago, se ben fatta, può fornire spunti di riflessione. In un discorso che Eva deve aver sicuramente letto, Rûmî risponde ai suoi discepoli che gli riferivano della volontà di vedere il proprio maestro. Ecco la sua risposta:

> E il Maestro disse: «In realtà egli non ha potuto vedermi, perché il desiderio che aveva di vedere il maestro era in quel momento un velo levato sul viso di questi: e non ha potuto vedere al di là. Questo avviene anche per le aspirazioni e gli amori, per le predilezioni e gli attaccamenti che gli uomini hanno nei confronti delle cose: della madre, del padre, degli amici; per il cielo, la terra, i giardini o i palazzi, le scienze, le azioni, i cibi e le bevande.
> Tutte queste cose sono soltanto veli. Quando gli uomini passeranno da questo mondo e vedranno il Re senza veli, comprenderanno che questo insieme costituiva un semplice velo. In effetti il loro ideale era questa sola realtà: in tale svela-

mento tutte le difficoltà giungono a soluzione. Tutte le complicazioni e i problemi che avevano in animo riceveranno soluzione e verranno svelati»[4].

Non posso non confessare che questo genere di sguardo mi affascina; ma il senso della presenza divina nel cosmo si trova anche nella fede cristiana. La realtà, per quanto materialisti possiamo sforzarci di essere, rinvia sempre ad altro. È dell'uomo di fede, dell'uomo che fa della fede un'ipotesi reale cercare di sforzarsi di vedere al di là dei veli della realtà.

Una delle più belle lezioni che abbia ricevuto mai nel mio curriculum di studi teologici cristiani è quella relativa alla Grazia di Cristo. Essa è un nuovo sguardo sulla realtà, la stessa realtà che è data a tutti, credenti o non. Tutti ci alziamo al mattino, viviamo, ci muoviamo, lavoriamo, ci impegniamo nella vita per alcuni motivi... sotto tutte le latitudini è un po' la stessa cosa. Eppure, secondo la fede cristiana, la Grazia di Cristo permette di vedere al di là del velo, permette di leggere la realtà toccata dall'Amore infinito di Dio. Questo mi commuove ancora oggi e forse lo farà sempre. C'è un sano materialismo che permette di aprirsi ai più sublimi misteri della vita interiore. È osservando, studiando la realtà, guardandola in faccia e chiamandola con il proprio nome che scopro quanto la Grazia sia operante nel mondo. Credo, in fondo, che sia – meto-

[4] *Ibidem*, p. 53.

dologicamente – quello che dicono i sufi. Dietro il velo del mondo, v'è il segreto divino:

> Dio l'Altissimo è l'autore dei veli, e il Suo scopo è sapiente: se la Bellezza divina si manifestasse senza veli, non potremmo sopportarla né riuscire a gioirne. In virtù di questi veli, invece, siamo aiutati e sostenuti[5].

Le ombre delle creature sono una mediazione e un invito a scoprire la realtà ultima in cui tutto è ricapitolato:

> La ragione è come la falena, e l'Amato è la luce della lampada. Fino a quando la falena si slancerà verso la fiamma brucerà e verrà distrutta. Ma essere una falena implica proprio questo: non riuscire a sopportare la lontananza dalla fiamma, anche se si viene bruciati e torturati. Se vi fosse un altro essere vivente che, come la falena, non potesse restare privo della luce della lampada, e che vi si gettasse dentro, sarebbe egli stesso una falena. D'altronde, se la falena si gettasse nella luce della lampada senza venirne bruciata, quella non sarebbe una lampada[6].

Ritroviamo l'esempio della falena, caro a Rûmî, con la spiegazione che egli dà in maniera più estesa nella raccolta dei discorsi tenuti ai discepoli. Il rapporto tra l'anima e l'Amato è quello di una calamita: l'anima è attratta dall'A-

[5] *Ibidem*.
[6] *Ibidem*, p. 54.

mato per quanto l'unione con Lui sia a discapito della sua esistenza. Così conclude il grande maestro di Konya:

> Perciò l'uomo che può resistere lontano da Dio, che non fa sforzi per raggiungerLo, non è un uomo; e per di più, se egli fosse capace di comprendere Dio, allora Lui non sarebbe Dio. L'uomo vero, quindi, è colui che non può mai cessare di battersi, che senza tregua e senza riposo continua a ruotare attorno alla luce della Maestà divina. Dio è Colui che brucia l'uomo, che l'annienta, e nessuna intelligenza può coglierlo[7].

Dio è una fiamma che arde nell'anima dell'amante la quale si consuma nel desiderio di raggiungerLo. Di questo i sufi parlano abbondantemente, come se si trattasse di una materia di cui si può disquisire all'infinito. In fondo, è un segreto esoterico e mistico fugace, un dentro e un fuori dell'interiorità. Questa aspirazione è stata codificata e organizzata negli Ordini sufi, dando origine a un rituale iniziatico e a un percorso fatto di momenti di celebrazione dello sviluppo spirituale.

I problemi legati all'arcano

Nel corso della storia, l'idea che i sufi potessero rivendicare il possesso di un arcano ha posto problemi sociali e

[7] *Ibidem*, p. 55.

anche politici. Nell'Impero ottomano, gli Ordini sufi furono quasi perseguitati perché sospetti di eresia e di pratiche illecite. La storia di persecuzione degli Ordini sufi a causa della condanna del loro "segreto" fa pensare ai motivi della persecuzione religiosa, e ammetto che è una pagina di storia che mi entusiasma, perché vi ritrovo una indole cristica. Mi spiego. Quando qualcuno rivendica un mistero e di possedere qualcosa di speciale – sentimento più che legittimo –, molti gli si scagliano contro, iniziano le accuse lecite e illecite, fino ad arrivare alla persecuzione pubblica e sfacciata, talvolta anche con accuse di bassa lega. Per Cristo è stato così: il suo segreto messianico è al centro delle condanne. Che cosa può mai testimoniare un semplice uomo, chi è mai questo figlio del falegname Giuseppe, che ci dice di essere il figlio di Dio? Che cosa potrà mai avere di tanto segreto da non poterlo condividere con tutti e da implorare i suoi discepoli di tenerlo nascosto? Il seguito è noto: passione, morte e risurrezione. Il "segreto messianico" è suggellato con questi misteri. Questo fa paura a tanti, ma è anche il principio della vera fede, del semplice abbandono della propria persona nelle mani di Dio: «Padre, nelle tue mani, consegno il mio spirito» (Lc 23,46).

Mi volgo poi a guardare la società di oggi tutta presa da un delirante senso di pubblicità: tutto deve venire alla luce, niente può rimanere nascosto. E mentre si affermano mediaticamente questi principi, ciascuno – individualmente – tenta disperatamente di nascondersi, di occultare il proprio intimo e, evidentemente, le proprie mancanze. Forse si deve imparare dagli Ordini sufi questa idea del segreto, per recuperare un equilibrio tra ciò che si può, ciò che si deve e ciò che si tenta solo di dire, perché indicibile.

Così si esprime un celebre mistico ed eroe turco, Yûnus Emre (m. 1321):

> Nessuno ci conosce né sa di cosa ci occupiamo,
> Non abbiamo sete di ricchezze e non siamo dentro il nostro "io".
> Non ridiamo criticando il potere di nessuno,
> Non rinneghiamo i savi, non siamo in croce come Cristo.
> Abbiamo conosciuto la verità di questo, siamo restati a ciò che è il mondo,
> Non desideriamo nulla per noi stessi, passeggiamo in questo mondo.
> Yūnus dice: «Mio Sultano, io ho un altro Sovrano,
> Né l'oro né l'argento del mondo desideriamo,
> Né il suo rame o il suo bronzo»[8].

«Nessuno ci conosce né sa di cosa ci occupiamo»: questo è il vero spirituale sufi, il vero mistico la cui mano destra ignora quella sinistra. E non è necessario esserne coscienti, saperlo esplicitamente, perché tutto è ricondotto a Dio. Lo sguardo di Dio è sufficiente a realizzare tutte le aspirazioni dell'essere umano:

[8] Yūnus Emre, *Dīvān*, trad. di Anna Masala, Roma: Semar, 2001, p. 97.

Dio ha volto lo sguardo su di me, sono diventato colui che apre la porta di Dio,
Sono entrato nel tesoro di Dio, son divenuto colui che sparge perle e gioielli.
La corona del Potere mi è stata posta sul capo, mi è stata offerta la coppa dell'Amore,
La mia anima ha bevuto, s'è saziata d'amore, son diventato colui che distingue il nero dal bianco.
M'ha fatto inebriare, cadere nell'amore, ero crudo, l'amore mi ha fatto cuocere,
M'ha raccolto in testa l'intelletto, son divenuto colui che distingue il bene dal male.
Tutto il mio interesse s'è volto ancora al bene, la mia testa s'è affrancata dall'inquietudine,
Ho tagliato in due la mia anima, ho messo le ali, son diventato colui che vola.
Chi migrava ha raggiunto la tappa e lì s'è fermato a riposare,
È passata la vita, l'intesa è arrivata, ho preso una direzione, son divenuto colui che migra.
Povero Yūnus, da quando ci siam conosciuti ci siam amati l'un l'altro,
Da quando siam giunti al mio Tapduk son divenuto colui che apre il suo profondo segreto[9].

Yûnus conversa nel suo intimo e scopre che il suo compagno e maestro Tapduk è la meta del suo peregrinare terreno laddove può conoscere il suo profondo segreto. Que-

[9] *Ibidem*, pp. 113-114.

sto perché Dio ha rivolto lo sguardo su di lui, gli ha aperto le porte del suo tesoro.

Che forse questo segreto sia l'amore stesso? Non possiamo dirlo con sicurezza perché i sufi non lo affermano così esplicitamente, ma gli indizi raccolti ci portano a credervi. Che il segreto dei segreti sia la verità cristiana che «Dio è Amore»? Qui certo mi spingo un po' troppo in là, lo so. Ma il mio cuore di cristiano mi spinge sempre un po' verso quel senso teologico e spirituale, strattonando i miei amici sufi verso quell'interpretazione:

Amici miei, ascoltate, cosa preziosa è l'amore,
Non viene dato a chiunque, cosa rispettabile è l'amore.
È insieme tormento e gaudio, ha inviato Ḥamza al monte Qāf,
il Profeta sta con l'amore, cosa possente è l'amore.
Cade sui monti e ne solleva i venti, apre ai cuori una strada,
Rende soggetti i sultani, cosa audace è l'amore.
Chi è colpito dal dardo d'amore non ha più preoccupazioni,
Con tutta la sofferenza e il pianto cosa dolorosa è l'amore.
Fa ribollire i mari, fa danzare le onde,
Fa muovere le rocce, cosa potente è l'amore.
Confonde chi comprende, lo precipita negli oceani,
Quanti cuori fa ardere, cosa infuocata è l'amore.
Il misero Yūnus che può fare, a chi può confidare il suo segreto?
Inviti dunque l'Amato, cosa deliziosa è l'amore[10].

[10] *Ibidem*, p. 47.

VIII

SUFI CRISTIANO O CRISTIANO SUFI?

Un mattino d'autunno a Istanbul. Sto bevendo un buon caffè con un confratello con cui condivido gioie e pene delle mie ricerche, delle mie conoscenze. Gli parlo del titolo di questo capitolo che sto scrivendo, e gli dico: «Ma alla fin fine il lettore si domanderà se il sufi di cui sto parlando sia un musulmano o un cristiano». È vero, tutte le critiche sono legittime, tutte le perplessità sono ben accette nella riflessione sulla mistica islamica. Molti contemporanei, e in special modo alcuni pensatori del XX secolo, hanno creduto di poter affermare che le diverse mistiche si equivalgono. Per me non è così! L'ho detto sin dall'inizio del nostro viaggio. Qui lo ripeto. Dopo questo percorso che ci ha condotti nel mondo sufi, in un universo che mi ha accolto per mostrarmi e farmi percepire la sua mistica, mi rendo conto che, certo, una parte del sufismo può essere anche considerata come molto vicina al cristianesimo.

Il sufismo di cui ho parlato ha, di fatto, una colorazione fortemente cristiana. Questo tipo di sufi è cristiano, almeno secondo quanto il mio confratello mi suggeriva: anche la Bibbia contiene il messaggio della sottomissione del fedele a Dio. A rigor di logica si può anche parlare di un cattolico musulmano, nel senso che anche un buon cristiano potrebbe voler sottolineare nella sua vita interiore la fedele e scrupolosa obbedienza a Dio, atteggiamento tipico musulmano. In questo senso un sufi che decidesse di approfondire nella sua esistenza i motivi di vicinanza con il cristianesimo, si tingerebbe di una colorazione cristiana.

Anche il sufismo inteso come percorso spirituale potrebbe essere accolto – sebbene parzialmente – nella vita di un cristiano.

Al bando sincretismi, miscugli poco credibili, minestroni *new age*, parlo qui di ben altro. Contro il vento contrario che spira oggi – sia con le false rigidità dogmatiche, sia con le confusioni sullo stile *new age* – bisogna gridare ai quattro venti che il Vangelo può farsi anche sufi, perché sa incarnarsi nell'altro, e quindi che anche un cristiano potrebbe ritrovare in quella tradizione elementi di ispirazione comuni alla sua propria tradizione e alla sua fede. In questo modo, un cattolico, o meglio un cristiano, non diverrebbe per nulla un musulmano, né tanto meno un sufi, ma si riconoscerebbe come un fedele di Cristo aperto a riconoscere nella pratica religiosa altrui elementi simili a quelli di cui lui stesso vive.

Un cristiano può essere sufi, analogicamente, ed esagerando un poco i termini della questione. Tutto ciò fa paura, solleva dubbi e perplessità, ma la vita mistica deve essere intesa, a mio parere, con quel senso di *laevitas* che ha caratterizzato i veri spirituali, musulmani o cristiani, aperti alla novità, alla multiforme grazia di Dio.

La spiritualità è il campo dell'avventura spirituale lavorato alla scuola del più perfetto abbandono a Dio, nell'aspirazione a raggiungere l'Unione (o l'Unità) divina. Il sufi è allora cristiano nella misura in cui, nella sua concreta ricerca, compie un percorso cui partecipano elementi cristiani, vicini al messaggio evangelico. Conosco personalmente dei sufi, in particolar modo donne, che sono davvero aperti a un sincero scambio, che intuiscono perfettamente che cosa siano la vita di Cristo e il Suo messaggio. Per questo si dice che le donne possono davvero essere la parte della società più aperta alla novità. L'amicizia spirituale con queste figure permette di capire che il sufismo contiene un riflesso cristico.

Fraternità spirituali

Non mi piace rendere cristiano ciò che non lo è; lo riaffermo con vigore: non si tratta di vedere il cristianesimo dappertutto, ma di constatare una verità, che possiamo declinare con un linguaggio del cristianesimo antico: anche il sufi porta in sé i semi del Verbo.

Forse è ancora più interessante affermare che il cristiano può essere sufi nella misura in cui scopre che nell'altrui tradizione esistono ponti e stelle comete in grado di non farlo sentire "solo" nel cammino della vita. Il sufismo può essere accolto, sebbene parzialmente, anche come un'ipotesi pratica per il cristiano. Il sufismo così come ho tentato di descriverlo nei capitoli precedenti, mantiene i caratteri tipici del suo mondo senza per altro rifiutare la considerazione degli elementi di vicinanza e di somiglianza. I sufi fanno altrettanto, almeno quelli più illuminati. Rûmî lo faceva, ma da buon musulmano quale era, anche Yûnus Emre e i grandi mistici di lingua persiana. Un esempio? Nella raccolta dei suoi discorsi, Rûmî così afferma riguardo alla fede e alla preghiera:

> Qualcuno chiese: «Esiste qualcosa di più eccellente della preghiera?» A questa domanda era già stata data risposta, ossia che l'anima della preghiera era migliore della preghiera recitata. Ma un'altra risposta è: la fede è superiore alla preghiera. La preghiera è obbligatoria in cinque momenti della giornata, ma la fede lo è sempre. La preghiera può essere sospesa per un motivo legittimo, ed esiste il permesso di ritardarla. Qui vi è uno dei caratteri di superiorità della fede: per nessun motivo essa può venir tralasciata, e non è mai consentito rimandarla. Inoltre, mentre la fede anche senza la

> preghiera non resta senza beneficio, la preghiera compiuta senza la fede, come quella degli ipocriti, non è di beneficio alcuno. Poi vi è il fatto che, all'interno di ciascuna religione, la preghiera è una realtà a sé, distinta, ma la fede non muta nelle diverse religioni: i suoi stati, il suo orientamento e i caratteri restano uguali[1].

Il sufi può saper relativizzare l'obbligatorietà della preghiera canonica in nome della fede stessa. Questo significa che la fede viene prima anche del comandamento della preghiera che sembra invece essere imprescindibile. Rûmî aveva già risposto in precedenza alla domanda se esista una maniera più perfetta di accostarsi a Dio, se cioè ci fosse un modo più rapido ed efficace di avvicinarsi a Lui all'infuori della preghiera. La sua risposta è davvero carica di significato:

> Qualcuno chiese: «Esiste un modo di accostarsi a Dio più rapido della preghiera?». Rispose il Maestro: «La preghiera stessa. Ma quella preghiera che non sia semplicemente la forma esteriore. La forma è il *corpo* della preghiera, e infatti la preghiera formale possiede un inizio e un termine: e tutto quel che ha un inizio e un termine è un *corpo* [...] Questo ci aiuta a capire che l'*anima* della preghiera è diversa dalla semplice forma: è invece qualcosa come un assorbimento completo, uno stato al di là della coscienza comune, tale da

[1] Jalâl Ad Dîn Rûmî, *L'essenza del reale, Fîhi-mâ-fîhi (C'è quel che c'è)*, p. 50.

escludere e non lasciar posto ad alcuna delle forme esteriori»[2].

In questi discorsi si intuisce una vicinanza di vedute con il senso della preghiera cristiana, che non è una celebrazione ritualistica e formale, ma partecipazione attiva alla vita del Mistero.

La questione del sufi cristiano o del cristiano sufi si dissolve di fronte alla solidità della vita spirituale che comporta verità assolute. Alcuni mesi fa, ho scoperto due versi di un autore ottomano, Hayalî, che descrivono l'umiltà in modo simile a quello cristiano:

Se desideri l'onore cerca la vergogna
con l'estasi è spremuto il calice di vino[3].

Le curatrici del libro da cui ho tratto i versi spiegano mirabilmente che se l'uomo desidera raggiungere la considerazione di questo mondo deve sapersi perdere nell'estasi della regalità, espressa dal calice del vino che inebria il cuore dell'uomo. Mi sembra di risentire il passo di Matteo: «Se uno vuol venire dietro a me, rinunci a se stesso, prenda la sua croce e mi segua» (Mt 16,24). Le stesse studiose, esperte in letteratura ottomana, precisano che il senso della regalità è dato dal fatto che il calice di vino è se-

[2] *Ibidem*, p. 26.

[3] *99 beyit divan şiirinden beyitler ve çözümlemeleri*, a cura di Makbule Aras, Asuman Susam, Melike Koçak, Istanbul: Can Sanat Yayınları, 2008, n. 69.

gno del potere mondano e che il vino produce l'estasi che conduce l'uomo anche ad azioni riprovevoli. Confluisce in questi pochi versi la spiritualità dei nomadi erranti, folletti spirituali dell'islam, ma molto vicini alla spiritualità delle beatitudini. Se vuoi essere davvero re di questo mondo, lasciati andare all'estasi della regalità dell'umiltà.

Due spiritualità che possono allearsi

Quando noto come la spiritualità cristiana si possa alleare a quella musulmana, mi sembra di essere più completo, di essere più forte. Forse è per questo che studio, osservo, contemplo e talvolta mi nutro della spiritualità dei miei amici, in uno spirito di solidarietà e di comunione naturale.

Per quanto mi riguarda la questione sollevata non è nemmeno troppo importante: sufi cristiano o cristiano sufi. Il Cristo, per me, segna la rotta; ma tutto (e dico proprio tutto) può diventare barca, remo, vento... soffio dello spirito che mi sospinge verso Lui, perché so che in ultima analisi, è Lui che mi cerca.

CONCLUSIONI

Vivo in mezzo ai musulmani e me ne rendo conto ogni volta che metto il naso fuori dalle mura del convento e dello spazio cristiano in cui trascorro parte delle mie giornate. Dal momento in cui esco mi sembra di essere quella goccia in mezzo all'oceano, immagine utilizzata in molti contesti per descrivere il senso di quasi inutilità e di mescolanza. Eppure, quella goccia sa mantenere la sua identità interiore, anzi quella identità si accresce e forse anche si cristallizza.

Questa frequentazione di un altro ambiente, di un'altra cultura e, soprattutto, di un'altra religione mi ha portato a riflettere sul senso della presenza di un'identità in un'altra differente. Cerco di penetrare simboli e storia del sufismo, la cultura mi interessa più della religione. La cultura produce religione e, anzi, la religione produce cultura. Apparentemente non ne cavo un gran risultato per svolazzi, voli pindarici teologici e nemmeno filosofici. Qualche conclusione di tanto in tanto, a livello antropologico, è già una soddisfazione. Il mio campo assomiglia ancora a un terreno arido da arare, non a quello in cui i frutti maturi attendono la raccolta. Mi occupo di quel lato dell'islam, che è abbastanza piacevole per la stragrande maggioranza di cristiani e di occidentali e per una buona parte di musulmani.

Da più di una decina d'anni studio testi, ricerco storie e, soprattutto, ascolto i musulmani che si occupano di sufismo. Attentamente, cerco di percepire la psicologia religiosa e spirituale che si sprigiona dai loro atteggiamenti, dalle loro riflessioni. Certe volte, mi piacerebbe cambiare di pelle ed entrare nella personalità del vicino non solo per capire ulteriormente, ma proprio per sentire. Sentire con l'altro quello che io, molto probabilmente, non posso che intuire. Una certa propensione naturale alla psicologia mi conduce a voler ascoltare l'altro, l'interlocutore, colui che di fronte o accanto a me, mi manifesta le sue vicissitudini, il suo modo di pensare. Le pagine di questo libro corrispondono a un progetto pensato e desiderato da tempo: uno spazio in cui esporre una psicologia religiosa della spiritualità musulmana a partire del mio vissuto, che qui mostro per la prima volta.

L'esperienza di vita è il filo conduttore delle pagine precedenti, intrise di ricerca e di osservazione religiosa.

Cerco, insomma, di non farmi sfuggire nulla dei particolari che potrebbero indicarmi una via di comprensione. Eppure non vado a cercare in modo morboso questa conoscenza. L'accolgo, quando mi si offre, quando incontro nuovi amici, conoscenti, testi sufi e poesie spirituali. Talvolta le idee mi vengono in margine a delle conversazioni, spontaneamente. È una ricerca sperimentale, insomma, quella non del ricercatore pagato per ottenere risultati, ma di colui che, gratuitamente, intuisce che imparare a sentire con l'altro è essenziale.

Ho appreso sui banchi dell'università laica che i primi antropologi non sono stati dei professori: sono stati i missionari, a lasciare note della loro esperienza, riflessioni sul comportamento dell'altro, di coloro che avrebbero cercato di evangelizzare. Ho sempre rifiutato l'idea di pensarmi come missionario. Non mi piace e non mi è mai piaciuta tale parola. Ancora oggi la rifiuto, anche se vivo in mezzo all'"altro". D'altro canto, non so nemmeno se definirmi un antropologo. Non ne ho la formazione, anche se leggo volentieri i trattati di antropologia e alcuni miei scritti si pongono in questa direzione. Mi sento piuttosto un domenicano, un fratello in umanità dell'altro, del diverso da me, soprattutto a livello religioso. Sto bene con il diverso, perché questa differenza mi fa straordinariamente crescere, mi porta alle soglie del mistero. La diversità, la differenza rappresentano l'elemento, forse l'unico, capace di elevare l'uomo al senso del mistero. L'enigma, la problematica seria e avvincente, così come l'esistenza della differenza, aiutano a fare silenzio in sé e intorno a sé, aiutano l'uomo a capire, se ne ha davvero voglia, che la risposta è il mistero. Abdicazione dello sforzo intellettivo? Forse, ma per quanto l'uomo cerchi e si sforzi di dare risposte, alcune domande sono di tale levatura che solo uno sciocco potrebbe dare spiegazioni con leggerezza.

In Turchia, poi, il sufismo è una parte fondamentale dell'islam stesso. Il sufismo realizza l'islam turco. Quando mi ritrovo con i musulmani, vari sono gli approcci, le simpatie che nascono, che maturano. Ma alla fin fine mi ritrovo sempre con tre elementi quasi fondamentali e costanti.

In primo luogo ti senti a tuo agio, perché i musulmani ti riconoscono come una parte della loro cultura e della loro religione. Anche se prima di arrivare a questo stadio c'è un momento di scambio in cui ci si osserva, ci si studia a vicenda e ci si domanda se questo (tanto da parte mia che da parte del mio interlocutore) individuo è uno dei miei. Da che parte sta? Sta dalla mia? Mi difende? È per me o contro di me? Insomma, una volta che ci si studia e che nasce l'amicizia, anche un po' superficiale, ci si intende e, sotto sotto, si fa come se si fosse la stessa cosa e se non ci fossero più differenze religiose.

Poi viene il momento dello scambio, del paragone, della conoscenza leggermente più approfondita. Tu dove stai?

Dove abiti? Non posso certo dire loro: «Vieni e vedi», ma siamo in quella zona della conversazione in cui ci si conosce e ci si osserva più da vicino. È una fase innocua, ma che lascia indietro identità marcate e differenze sconvolgenti; forse è la fase più piacevole perché una seria amicizia intrisa di rispetto e d'amore è possibile. Probabilmente è la parte che più preferisco. Mi compete anche di più delle altre, visto che occupandomi di sufismo, posso indagare liberamente il mio amico, la sua storia, entrare nella sua persona e viaggiarvi dentro. Nascono iniziative, lavori, rapporti, collaborazioni. Eroticamente, direi proprio che siamo nella fase della relazione piena e piacevole.

Viene però quasi immancabilmente il dubbio di avere fatto qualcosa che è contro la propria natura, la propria identità e fede. Le staccionate delle differenze rischiano nuovamente di ergersi e di dirsi che in fondo non siamo la stessa cosa.

Certo che non lo siamo: ne ero cosciente sin dall'inizio! Ma che fare? Le differenze conducono a domande esplosive, al solo avvicinarsi a esse. È per questo che tanti hanno paura del "dialogo". Arrabbiarsi dopo essere stati dei buoni amici per lunghi anni non è certo un obiettivo.

Una nuova pagina di collaborazione si può certo riaprire dopo l'esperienza emozionante della relazione proibita, sempre difficile da realizzare e da portare avanti. Oppure una rottura s'impone, ma accompagnata da una maschera i cui tratti sono quelli di un volto come impagliato di cortesia e di falsi sorrisi. È a questo livello che nasce quella forma di cortesia che è contro il dialogo. Sarebbe, questa, una conversazione affettata, fatta di volti incipriati per nascondere le rughe della vecchiaia, della speranza ormai mutata in rassegnazione.

Eppure mi sono detto che il credente nasconde tre esigenze a cui non saprebbe mai e poi mai rinunciare, che sia esso cristiano o musulmano: la propria identità non è mai in questione, e non deve nemmeno esserlo. Si è quello che si è, e non si può far finta di giocare a essere ciò che è l'altro.

Un'esigenza, però, di tensione all'unità, all'assenza di differenza, di comunione si cela in tutto questo percorso. In un momento preciso, come ho detto in precedenza, si arriva perfino a condividere tutto.

Il sentimento dell'impossibilità a rinunciare alla verità della propria fede è poi l'altra istanza fondamentale. C'è una verità, che è quella che io porto in me stesso, e non voglio rinunciarvi. Ma molti di coloro che si occupano di mistica islamica hanno la tendenza ad affermare l'unità del genere umano "credente" in Dio. Tutti i credenti, essi dicono, e in fondo tutti gli uomini tendono allo stesso fine. Il fine identico annullerebbe perciò tutte le differenze possibili a livello teologico e, soprattutto, dogmatico. Quante volte, anch'io, ho sentito pronunciare da amici cari o da credenti: «Siamo tutti la stessa cosa, tendiamo tutti all'unità, a Dio». Sarebbe, questa, una fraternità di fondo, basata sull'unità del fine. Questo pensiero estremamente affascinante, annulla le differenze dogmatiche, teologiche e di fede che, però, sono l'essenza intellettuale di ogni religione. Questo pensiero così gradevole rischia di spazzare via tutto il palinsesto religioso. Per quanto affascinante sia questa posizione, può diventare un pericolo.

Il problema è come rapportare la verità della fede e l'esistenza della differenza. Il dualismo originario del conflitto religioso è nascosto in queste semplici due realtà. Verità numero uno: «Io credo che la mia fede sia quella vera». Verità numero due: «Se la verità è proprio quella che ho la grazia di aver ricevuto, perché esistono ancora altre fedi, perché le differenze sussistono?»

Il pensiero che tutte le religioni tendano misticamente alla medesima Essenza è certo affascinante, attraente, ma non rende conto di tutto, soprattutto dell'aspetto intellettuale su cui una fede si appoggia. L'uomo credente rimane sempre e comunque intelletto e cuore, e i due elementi costituenti l'uomo non si possono scindere. Anche quando si studia seriamente la mistica e si frequentano i mistici, si sperimenta un senso di frustrazione, di mancanza di vera e possibile unità.

Questo libro è frutto di quel desiderio irrefrenabile di rispondere a molte di queste sollecitazioni umane intellettuali, spirituali e di condividere un cammino in un mondo appassionante, il mondo dei sufi.

BIBLIOGRAFIA

Ambrosio, Alberto Fabio, *Petite mystique du dialogue*, Paris: Cerf, 2013.

Ambrosio, Alberto Fabio, *Dervisci. Storia, antropologia, mistica*, Roma: Carocci, 2011.

Ansâri di Herat, *Le cento pianure dello Spirito*, a cura di Carlo Saccone, Padova: Messaggero, 2012.

'Aṭṭār, Farīd al-Dīn, *Il verbo degli uccelli*, a cura di Carlo Sacconc, Milano, SE, 1997.

'Aṭṭār, Farīd al-Dīn, *Il Poema celeste*, a cura di Maria Teresa Granata, Milano: Biblioteca Universale Rizzoli, 2002.

'Attār, Faroddin, *Il libro del cammino (Mosibat-Nāma)*, a cura di Savina Zanardo, Milano: Edizioni Ariele, 2010.

Esperienze mistiche nell'islam, I-III, Testi significativi della mistica islamica tradotti e commentati da P. Giuseppe Scattolin, Bologna: Editrice Missionaria Italiana, 1994-2000.

Ghazâlî, Ahmad, *Delle occasioni amorose (Savâneh ol-'O-shshâq)*, a cura di Carlo Saccone, Roma: Carocci, 2007.

Greppi, Caterina, *Rābi'a. La Mistica*, Milano: Jaca Book, 2003.

Al-Ḥallāj, Al-Ḥusayn Ibn Manṣur, *Il Cristo dell'islam. Scritti mistici*, a cura di A. Ventura, Milano: Mondadori, 2007.

I detti di Rābi'a, a cura di Caterina Valdré, Milano: Adelphi, 1992².

La ricerca del Dio interiore nei detti dei precursori del sufismo islamico, a cura di Ignazio De Francesco, Milano: Paoline, 2008.

Molé, Marijan, *Les mystiques musulmans*, Paris: Les Deux Océans, 1982, versione italiana: *I mistici musulmani*, a cura di Giovanna Calasso, Milano: Adelphi, 1992.

Rûmî, Gialâl ad-Dîn, *Poesie mistiche*, trad. Alessandro Bausani, Milano: Biblioteca Universale Rizzoli, 1988.

Rûmî, Jalâl Ad Dîn, *L'essenza del reale, Fîhi-mâ-fîhi (C'è quel che c'è)*, trad. Sergio Foti, Torino: Libreria Editrice Psiche, 1995.

Rûmî, Jalâl al-Dîn, *Mathnawi. Il poema del misticismo universale*, Milano: Bompiani, 2006, 6 voll.

Sa'dî, *Il Roseto (Golestân)*, a cura di Cherubino Mario Guzzetti, Cinisello Balsamo: Edizioni Paoline, 1991.

Scarabel, Angelo, *Il sufismo. Storia e Dottrina*, Roma: Carocci, 2007.

Ti amo di due amori. Le più belle poesie della tradizione araba, persiana, turca ed ebraica scelte e introdotte da Bernard Lewis, trad. di Anna Linda Callow, Mario Casari, Roberta Denaro, Roma: Donzelli, 2001.

Yūnus Emre, *Dīvān*, trad. di Anna Masala, Roma: Semar, 2001.

INDICE

Introduzione.
Il sufismo, ossia l'islam che non fa paura pag. 7

I. Io e il sufismo » 11
II. Mistici » 28
III. L'Ordine sufi » 50
IV. La divina ascensione » 73
V. Polvere celeste » 90
VI. Eros e Agape: una storia di incontri » 110
VII. Il segreto » 133
VIII. Sufi cristiano o cristiano sufi? » 148
Conclusioni » 155

Bibliografia » 163

Biblioteca Universale Cristiana

Al tempo della globalizzazione, di internet, della fine delle ideologie, della sfida tra relativismo e quel che resta del pensiero forte, la proposta di una Biblioteca Universale Cristiana è una scelta controcorrente, che persegue precisi valori e finalità:

contenutistici: un invito per tutti coloro che (credenti o meno) ricercano punti di riferimento letterari e spirituali, per costruire strade comuni;
di memoria culturale: riproposizione di opere che, spesso introvabili, appartengono a un patrimonio che non è solo cristiano, ma pienamente umano;
economici: una proposta di opere dal valore assoluto (etico ed estetico) a costi accessibili a tutti.

Biblioteca Universale Cristiana:
uno scrigno da cui trarre «cose antiche e cose nuove»; testi di credenti e non, con in comune il respiro dell'Assoluto.

buc

Stampa: AGAM – Madonna dell'Olmo (Cuneo)

Chère lectrice,

Laquelle d'entre nous n'a pas un jour appris à ses dépens qu'il était imprudent d'affirmer : « Fontaine, je ne boirai jamais de ton eau » ? Un proverbe dont vos cinq héros de ce mois vont, eux aussi, mesurer la sagesse éternelle... Sir Simon, d'abord, furieux d'être contraint d'épouser la fille de son ennemi, se jure de lui mener la vie impossible. Mais, étrangement, plus il tente de haïr sa femme, moins il y parvient. Découvrez *Le pacte du Dragon*, première partie de la nouvelle saga médiévale de Catherine Archer... Trois siècles plus tard, en 1521, Sebastian, dans *Le feu et le diamant*, broie lui aussi du noir : son mariage forcé avec lady Beatrice est voué au désastre car jamais, au grand jamais, il n'accordera sa confiance à une intrigante qui, de notoriété publique, trompait son premier époux. Mais, là aussi, le temps va l'amener à réviser son jugement... *L'amant irlandais*, de son côté, a une certitude : n'est pas née celle qui le surprendra ! A ses yeux, toutes les femmes se ressemblent et aucune, jamais, ne retiendra durablement son attention. Aucune — sauf peut-être cette inconnue qui, un beau jour de 1820, s'offre à lui avant de disparaître... A la même époque, mais dans un tout autre contexte, Tristan Sinclair est également très sûr de lui : des années passées dans les services secrets anglais ont fait de lui un redoutable psychologue, et jamais son indocile épouse, *L'héritière scandaleuse*, ne parviendra à lui cacher quoi que ce soit. Mais à malin, malin et demi... Au Texas, en 1881, Sloan, le séduisant héros de *Prudence et le débauché*, s'est fait lui aussi une promesse : après des années consacrées à élever ses frère et sœurs orphelins, il s'occupera désormais d'une seule personne : lui-même ! Aucune femme, jamais, n'entravera sa chère liberté. Mais, là encore, proverbe ne saurait mentir... Enfin, en mai, ne manquez pas les deux titres de votre collection Grands Romans Historiques : *L'Aventurière*, de Susan Wiggs, et *Le château des ombres*, seconde partie de la saga de Candace Camp.

Bonne lecture et rendez-vous en juin,

La Responsable de collection